华尔街

45 年

[美] 威廉·D. 江恩◎著

陈定刚◎译

群言出版社
QUNYAN PRESS

·北京·

图书在版编目（CIP）数据

华尔街 45 年 /（美）威廉·D. 江恩著 ；陈定刚译 .
北京 ：群言出版社，2024. 9. -- ISBN 978-7-5193
-1016-5

Ⅰ. F837.125

中国国家版本馆 CIP 数据核字第 20244KR925 号

责任编辑：胡 明
装帧设计：寒 露

出版发行 群言出版社
地 址：北京市东城区东厂胡同北巷1号（100006）
网 址：www.qypublish.com（官网书城）
电子信箱：qunyancbs@126.com
联系电话：010-65267783 65263836
法律顾问：北京法政安邦律师事务所
经 销：全国新华书店

印 刷：河北万卷印刷有限公司
版 次：2024年9月第1版
印 次：2024年9月第1次印刷
开 本：880mm×1230mm 1/32
印 张：9
字 数：206千字
书 号：ISBN 978-7-5193-1016-5
定 价：68.00元

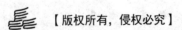

献给塞迪·H. 江恩

一位优秀的妻子、极好的母亲

以表怀念

译者序

Preface

本书英文名为 45 *Years in Wall Street*，是投资大师威廉·D.江恩对自己毕生投资经验和股市操作实践理念的总结。在本书中，他回顾了将近半个世纪以来股市的起起落落，列举了众多详尽的实战案例，并结合案例一一阐述了自己总结的股市投资规则。这些都是源于股市实战的宝贵经验，对每一位涉足证券市场的投资者而言，都具有十分重要的借鉴意义。

本书分为 16 章，分别从各个角度详细讲解了江恩总结的 12 条投资规则和 24 条投资法则，是投资者提升自身技术分析水平的经典必读书。在本书中，江恩还谈到了短期价格调整规则和股票价格指数（以下简称股指）的重要跌涨时间周期规律，这些宝贵经验，值得每一位投资者认真学习研究。

本书并不是在单纯讲解股票理论，而是以轻松自然的口吻，讲述股市 45 年的发展历程，用大量详尽的案例和数据进行对比，揭示在特定时代背景和时间周期里的股市周期循环规律，读起来非常引人入胜。

每一个想要涉足股市的人，都应该研读证券市场的历史，江恩正是通过对 45 年股市行情的历史回顾，揭示了股市运行规律，这种规律通过适当的方法进行运用后，就可以指导投资者的投资行为，让投资者在股市中眼明心亮。

江恩在书中反复强调止损单的作用，目的就是让投资者尽可能地保全资产和盈利、避免资金损失，这跟我们常说的"股市有风险，投资须谨慎"有异曲同工之妙。江恩的写作初衷，就是将自己 45 年来在股市中的操作经验全盘托出，让投资者可以从中获益，同时指出投资者的各种弱点和常见错误，向投资者提前发出警示。

江恩通过各种案例，不厌其烦地一遍遍提醒投资者要坚持学习相关知识，因为"知识比金钱更宝贵"，只有不断学习、意识到学无止境的人，才有可能在股票市场获得成功，而他自己就是这样做的。投资者可以从江恩所列的大量案例中学习到实用知识、吸取经验教训，避免重蹈前人覆辙。

在翻译本书的过程中，笔者发现了英文原版书中的一些错误，有人说，这可能就是江恩有意留下来的，为的是让细心的读者加深印象。无论是当时的排版疏忽还是江恩刻意为之，笔者都尽可能地做了注释。

因时间有限，在翻译过程中，难免存在不当之处，欢迎广大同行和读者朋友批评指正！

译者

2024 年 4 月

原　序

在 1926 年，我读了威廉·D. 江恩（William D.Gann）写于 1923 年的《股票行情的真谛》（*Truth of the Stock Tape*）。于我而言，这本书就是一本精彩纷呈的杰作。

后来，我在 1927 年遇到了江恩。自那时起，我拜读了他写的所有著作。他书中的那些秘诀，让我在跌宕起伏的股市中获益，无论行情好坏，都能使我受益匪浅。

他曾经说过："记住，你不可能保证每笔交易都不出错，因此，必须提早设置止损单来保护资产。"

他还有一条股市秘诀："如果心有疑虑，就赶紧从股市抽身而退。"接着，他提醒道："如果只剩下满心幻想，请从股市脱身。"我遵循了江恩书中所示的股市法则，且得到了丰厚的回馈，这也是我为本书作序的原因。

在江恩的最新著作《华尔街 45 年》（*45 Years in Wall Street*）付印之前，能够先睹为快，本人深感荣幸。我想把这本书推荐给大家，书中的内容是江恩多年来的学习、研究成果。迄今为止，在我认识的人中，能像托马斯·爱迪生

（Thomas Edison）那样忘我工作且多产的人，江恩是唯一的一个。

在这本最新的著作中，江恩提到了股市短期价格调整法则，这对任何一个投资者而言，都是一条非常宝贵的经验。除此之外，时间循环规则、3日走势图（3-Day Chart）、9点摆动图（9-Point Average Swing Chart）以及周年纪念日等股市法则，都是江恩的原创，在别处从未有人提及。

投资者如果能保持平常心，认真学习这本书中有助于其获利并持续盈利的江恩股市法则，便能获益良多、笑傲股市。

克拉伦斯·柯文

（Clarence Kirven）

原作者前言

1910 年，应友人之邀，我写了一本小册子，名为《投机——有利可图的职业》(*Speculation a Profitable Profession*)。在这本小册子里，我总结了那些曾助我在股市交易中获利的成功秘诀。

1923 年 1 月，我又写了《股票行情的真谛》一书，希望能对投机者和投资者有所助益。这本书一经出版，便获得了广泛赞誉，许多人甚至将其称为我的代表作。那一封封饱含感激之情的读者来信，也说明这本书确实已经实现了我的写作初衷。

在我成功预测 1929 年的股市大恐慌后，读者出现了新的需求，希望我再出版《股票行情的真谛》的续作。为回应这一需求，1930 年初，我执笔了《江恩华尔街选股术》(*Wall Street Stock Selector*)一书，分享了自 1923 年以来，我从实践经验中总结出来的股市操作新规则，相信能使读者受益。

在《江恩华尔街选股术》中，我还预测了"投资者恐慌"，并指出这将是世界上迄今为止最大的恐慌。我的这一预言很快便应验了，这次大恐慌直到 1932 年 7 月才结束。

一些股票价格（以下简称股价）狂跌，甚至跌至过去四五十年以来的最低点。

1932 年的大恐慌过后，股市行情随即出现了大幅回升，我的股市操作规则帮助很多人赚得盆满钵满。

1935 年，因我的书而获利的读者再次请求我出新作。于是，在 1935 年下半年，我的第三本书《江恩股票走势探测》（*New Stock Trend Detector*）问世了。这本书既包含我总结的个人操盘经验，也有我新发现的一些实用性很强的股市法则，继续为读者提供助益。

1935 年以后，股市云谲波诡、难以捉摸，但我还是准确预言了 1937 年的股市恐慌。此后，股市逐渐从恐慌中恢复过来，这轮下跌行情也于 1938 年 [①] 3 月结束了，随后出现了一轮小牛市，一直持续到当年的 11 月 10 日。

1939 年 9 月 1 日，第二次世界大战爆发。1941 年 12 月，美国参战以后，股民陆续套现清盘。股市持续震荡走低，于 1942 年 4 月 28 日跌至谷底，股价不但跌破了 1938 年的最低点，而且达到了 1932 年以来的最低点。

继 1942 年最低点之后，股市进入了漫长的回涨期，新一轮的股市涨势持久，这种上涨势头一直持续到 1945 年 8 月日本战败之后。

1946 年 5 月 29 日，股市达到了 1929 年以来的最高位。我的股市操盘法则和预言，准确预测了这轮上涨行情的最高值和随之而来的股市暴跌。这轮暴跌一直持续到 1946 年 10

---

① 原著中是 1928 年——译者注。

月 30 日，股价跌至最低点后才刹车止步。

我的上一本书《江恩股票走势探测》出版至今，已有 14 年之久，在此期间，我通过股市操盘实战，又积累了更多新经验。

世界动荡混乱，人心困惑难安；经济萧条、股市下挫，让投资者、炒股者更加不知所措。许多读者来信，一再请求我出新作，为众人解惑。

怀揣着帮助大家的愿望，我写下了这本《华尔街 45 年》，以飨读者。我总结了过去的操盘经验，概括了股市实战中的新发现，将其著述成书分享出去。希望这本书能给在困境中苦苦挣扎的读者带去一些助益，帮助大家度过这个困难时期。

如今我已经 72 岁，名利对我而言已是过眼云烟，我的收入远超需求，可保我衣食无忧。因此，我写这本新书的目的只有一个，那就是送给大家一份最珍贵的礼物——知识！如果读者能以更加谨慎的态度看待股市，有人能从中找到更加安全的投资方式，那我的目的便达到了。读者的满意，便是对我的最好犒赏。

威廉·D. 江恩

目 录

Contents

第一章

现在的钱比 1932 年以前更难赚吗

"现在的钱比 1932 年以前更难赚吗？"许多人写信问我这个问题。我的回复是——未必，只要挑选正确的股票进行买卖交易，现在仍可以和以前一样，赚取丰厚的利润。

不过，市场交易环境的变化，确实在一定程度上改变了人们的市场交易行为：政府颁布了各项法律条文，对股票交易加强了规范监管，并要求投资者缴纳更高的保证金。各种所得税法的出台，使人们更加倾向于做长线投资，这样可以避免缴纳过多的所得税。同时，由于股票短期价格波动剧烈，在股市里做倒手买卖、投机博取差价的行为不再有利可图。

总之，待在交易室里就能紧盯行情的时代早已过去。现在，投资者必须花时间绘制股票走势图并认真研究，才有可能真正获利。

很多股票上市已久，价格已经基本稳定下来，走势也日趋平缓。因此，股民想利用这些股票在短期内迅速获利，已经不太可能。以前的股票动辄以每股 100 美元以上的高价出售且股价出现宽幅震荡，如今，这种股票已少之又少，几乎难以见到。

1949 年 6 月 14 日，股市又创新低，当天参与交易的股票大约有 1 100 只，其中股价能达到每股 100 美元以上的股票只有 112 只。这些股票中，有许多是投资者持有的优先股，这类股票的流动性差，且波动范围一向很小。

在 6 月 14 日这天，交易股价低于每股 20 美元的股票有 315 只、低于每股 10 美元的有 202 只、低于每股 5 美元的有 83 只，交易股价低于每股 20 美元的总计 600 只股票，占交易总量 50% 以上的股票的交易股价都低于每股 20 美元。这么多股票在低位抛售，要想通过炒股赚钱，就只能长线持有。

近年来，许多高价股采用股票分红派息的方式来分配股票红利，这种方式不仅使股票被拆细，还使股价被进一步压低，把越来越多的股票变成了低价股，置于低价区间。

⚁ 用同等股本获取更大利润

与几年前相比，如今的股民可以用同等的资金，赚取更多利润。

例如，某只股票的售卖价格为每股 100 美元，如果在过去，你想购入一手（100 股），就必须凑够 10 000 美元，还要一次性付清。如今，你只需用 50% 的保证金，就可以购入这 100 股股票。如果这只股票上涨了 10 点（Point）①，你就赚了 1 000 美元，或者说，你原有的资本增值了 20%。

现在，假设你要用 50% 的保证金，以每股 10 美元的价

---

① 点与美元等同——译者注。

格，买入 1 000 股某只股票，这时你投入的资金只需 5 000 美元。如果这只股票上涨 5 点，你就能获利 5 000 美元，原有的投资资金增值 100%。

如今股市里存有那么多低位卖出、未来增值潜力大的股票，投资者仍旧有机会，可以像以前一样迅速获利。

成交量萎缩

近些年，纽约证券交易所的股票交易总量明显少了很多，这主要是股民购入股票后长期持股造成的现象。自从各种证券交易管理条例[①]颁布以后，集中资金、操纵股市的行为已销声匿迹，但这并不意味着，将来不会再出现大牛市和大幅上涨的行情。长此以往，大量股票最终将会逐渐落入那些长线持股的投资者手中，流通股也会逐渐被消化吸收，股票的流动性将会趋缓。

如此一来，如果某天发生了某个突发事件，引发了一波购股狂潮，买家就会发现，股市里流通的股票已经供应不足了。而股民只能通过竞价购买，股票的价格也必然会被一次次推高。股价越高，股民的购买热情就会越高涨，入市抢购的人就越多。在牛市的最后阶段，股民蜂拥入市，股市出现购买狂潮，股价迅速飙升。在华尔街，历史总在不断重复上

---

① 美国于 1933 年通过了《1933 年证券法》（*Securities Act of* 1933），于 1934 年通过了《1934 年证券交易法》（*Securities Exchange Act of* 1934）——译者注。

演，过去发生的事情，在未来还会重现。

1946 年，美国政府出台了一项规定，要求股民在购买股票时，必须缴纳 100% 的保证金，换言之，就是必须一次性全额支付。

当时的股市正处于高位运行状态，而且股价已经连续上涨了三年半的时间。政府出台的这一规定，就能阻挡股民购买股票的热情吗？答案很显然是否定的。规定出台后，道琼斯指数上涨了 20 多点，并且一直持续了 5 个多月的涨势，直到 1946 年 5 月 29 日，股市抵达最高点。

这一事实说明，只要股民怀有购股热情，政府就无法阻止股价上扬。事实上，许多投资者相信，政府之所以颁布这些规定，就是因为股市中将出现一波失控的上涨行情。抱有这种想法的投资者对股价上涨深信不疑，因此继续大量购入股票，保证金的多少已经不再是他们关心的主要问题。

以我的经验来看，股市的涨跌只与时间周期的影响有关。如果时间周期现在正呈现上升趋势，那就没有什么可以阻止股市的上扬趋势；而时间周期处于下降阶段时，也没有什么能阻止股市下跌。正因如此，股价才会在有利空消息时上涨，在有利好消息时下跌。

1949 年 3 月，政府将股票交易的保证金下调至 50%。许多人认为这是一个特大利好消息，预示着新一轮牛市即将开启，事实却出乎人们的意料：股市反弹只持续了 2 天，到 3 月 30 日时，上涨了 2 天的股市开始下跌，一直到 6 月 14 日，平均指数下跌已经超过了 18 点。股市下跌，是因为股市正处于下降趋势，而且时间周期的下降阶段仍未结束。

股市中的交叉流向

最近几年，股市走势比以往任何时候都更加复杂。同一时间，有些股票在上涨，有些股票则在下跌，这是因为不同行业的环境不同，具体情况也不同。如果你坚持每个月绘制一张高低价月线图（Monthly High and Low Chart），再运用我的股市法规进行研究，就能对这些交叉流向洞若观火，并能在复杂的股市中对个股的变化进行把控。

在股市中为什么会赔钱

为什么大多数股民进行股票交易都会亏损？主要有以下三个原因：

（1）从资本角度来看，交易过度或买卖过于频繁。

（2）没有设置止损单（Stop Loss Orders），不会及时止损。

（3）缺乏相关知识。这是最重要的原因。

绝大多数人以为股价上涨自己就能获利，因而购入股票，盲目入市。他们在购股时，或是打听小道消息，或是盲从他人意见，自己不懂任何个股价格趋势的具体知识，当然也就完全不知道哪只股票会上涨。因为购股时就懵懵懂懂，他们通常不会意识到自己入市不慎，更不会及时纠正，等到醒悟之时，往往为时已晚。最后，他们担心股价会不停下跌，只能无奈抛售股票出市，但他们选择的脱身时机又通常是错误的，因为这时的股市一般已经处于低位。这样一进一出，他们就犯了两个错误：在错的时候入市，又在错的时间出市。

后一个错误本是可以避免的，在错误地入市后，他们原本可以及时抽身出市，从而避免再次犯错。他们并没有意识到，股票和期货交易实际上也是一种行业，或者说是一种职业，也需要专业知识，跟工程或医学从业人员并无不同。

🖱 学会研判股市趋势

过去，你可能也会跟许多股民一样，会根据股市指南来选股交易，结果也会跟许多人一样，要么赔钱，要么赚不到钱。因为股市指南推荐交易的股票让人眼花缭乱，你一旦选错了，就会一败涂地。即便别人的建议有时很正确，聪明人是不会盲目跟风的，因为在不知道这些建议有什么依据的情况下，你如何能有信心去大胆地进行交易呢？只有自己能看透并真正理解了股票上涨或下跌的原因，才能底气十足地投身股市并从中获利。

因而，我一再强调，一定要仔细研究我列出的所有股市法则，要亲手绘制个股走势图和平均指数走势图，通过学习研判，掌握股市时间周期规则，了解股市走势。这样，你就不会受别人意见的影响，可以独立自主、信心满满地入市交易了。

第二章

股市交易规则

要想在股票交易中获利，必须先学习相关知识，不要等到钱都亏损了，才想起来要学习。许多投资者对股票知识一无所知，就盲目入市，结果亏损得血本无归时，他们才意识到，原来在开始买股票之前，应该要先做好准备工作。

本章提到的股市交易规则，是我对以往45年来股市实战经验的总结，希望能对读者有所助益。如果能够学以致用，这些规则必能助你在股市中获得成功。

首先，请谨记：没人能保证永不犯错，你的任何一笔股票交易都可能出错，因此你要知道如何弥补失误。解决的方法就是设置止损单，以此降低风险。设置止损点时，可以比买入的价位低 1 ～ 2 点或者 3 点。这样一来，一旦你判断有误，股票就会在你设置的止损点自动斩仓出局，等到有确切迹象表明股市行情转好时，再重新购入股票也不晚。千万不要凭猜测行事，一定要依据明确的规则，等到有明确信号出现时再进行交易操作。可以根据我列出的股市法则来判定这些信号，这样做能增加成功的概率。

请仔细研读我在《股票行情的真谛》《江恩华尔街选股术》《江恩股票走势探测》等几本著作中列举的所有规则和案

例，同时要认真学习我在这本《华尔街45年》中所总结的12条股市规则和24条制胜法则。这些法则都是颠扑不破的金玉良言，仔细研读这些内容，定会让你受益无穷。

一定要记住，学无止境，永远不要觉得自己无所不知，要时刻准备学习新知识，否则就会故步自封。时间和环境随时都在改变，你也要学会与时俱进。

人的本性难以改变，所以历史会不断重演，股市也会不断按自己的时间周期重复。万变不离其宗，即便时代不同，在特定条件下，不同时间周期的相同阶段，股票年复一年的表现如出一辙，股市活动趋势也几乎一模一样。

规则1　判定股票走势

首先要判定股票走势，其中包括道琼斯30种工业股票的平均指数、15种公用事业股票的平均指数，或者其他任何你准备进行交易的股票大盘的平均指数，然后从中选择你想交易的股票，观察这只股票的走势与大盘平均指数显示的走势是否相符。最后，可以使用本书列出的平均指数3日走势图、平均指数9点摆动图，并利用我列举的规则判定买卖的正确时机。

规则2　在单底、双底和三重底买入

股票购入的时机，应该选在双底、三重底或者接近以前的最低价、最高价或阻力位的单底时。

谨记这条规则：股价达到原先的最高位时，就是抛售的好时机。但如果股价突破了原先的最高位，仍然持续上扬，这时市场开始反抽，股民开始以稍低的价位抛股，那些原本是卖出点的最高位就变成了底部、支撑点和买入点，这就是买股的好时机。

要在单顶、双顶或三重顶时开始卖出股票。记住，如果股票跌破了原先的最高位几点后，市场行情再次反弹看涨，当反弹达到或者接近原先这个最高位时，这里就变成了一个卖出点，是抛股的好时机。在进行股票交易以后，一定要寻找某个合适且安全的点，在那个点设置止损单，并且要立即把你设置的这个止损点告知你的经纪人。如果你不确定应该在哪里设置止损单，那就不要进行交易。

还有一点不容忽视：如果大盘平均指数或个股连续4次到达同一最高点位，这就是大盘或个股即将持续上扬的征兆，这时就不适合成为卖出点，因此也就不宜抛股。

这条规则在最低位同样成立——如果股票连续4次跌到同一最低点位，那么大多数时候，股票也将持续下行。

双顶和双底的意义——大盘平均指数的双顶可以在3～5点的范围内波动，但实际上，除了极端情况，大多数双顶的波动范围只有1～2点。双底的形成情况也大致相同。如果在几年前，在现在的指数最低位附近就曾经出现过一个相近的最低位，那么现在的平均指数可能会跌破前一个底的4～5点。但这并不意味着平均指数会持续走低，而是可能会在这里形成一个双底或者三重底。

通常来说，个股会在 2 ～ 3 点的波动范围内形成双顶，有时双顶也会在 1 ～ 2 点的范围内发生变动。双底的情况也是如此，个股会在 2 ～ 3 点的波动范围内形成双底，而有时候这个范围内的一个底只比另一个底低 1 ～ 2 点。

个股止损单应该设定在双顶或者三重顶之上 1 ～ 3 点的范围内，具体数值取决于股票的售出价格。同样，还有一个地方也应该设置止损单，即把止损单设置在低于双底或三重底之下 1 ～ 3 点的位置上。

若大盘的平均指数或者个股连续三次抵达同一个水平，这时就会出现三重顶或者三重底。通常情况下，这是最适合进行抛股或者购股交易的时机，因为股市在三重顶或者三重底处停留的时间非常短暂，股票价格平均指数往往会很快突破最高位或跌破最低位。

规则 3　以百分比为基准进行交易

进行交易的时机，就是当股票从高位下跌 50% 时买入，或从低位反弹 50% 时抛出，当然，前提是这种下跌或反弹与大盘走势一致。利用个股及大盘平均指数的百分比，可以判定阻力位和买卖点位。需要关注的百分比是 3% ～ 5%，接下来就是 10% ～ 12%，还有后面的 20% ～ 25%、33% ～ 37%、45% ～ 50%、62% ～ 67%、72% ～ 78% 以及 85% ～ 87%，其中较重要的阻力位是 50% 和 100%，以及与 100% 成比例的部分（详见本书第四章"最高价与最低价百分比"中的案例）。

🖱 规则4 以3周的涨跌为基准进行交易

在牛市中，行情持续看涨，大盘平均指数强劲走高，如果股指连续3周持续下跌，这就是购股的好时机，因为这是一轮强劲大牛市的平均调整周期。同样地，如果在熊市中，大盘总体行情持续下跌，但股票连续3周上涨，这就是抛售的好时机。

当股市大盘连续上涨或下跌超过30天，甚至持续了更长时间，这时就需要注意了，最高点或最低点往往会在6～7个星期后出现。这是一个进行股票买卖交易的大好时机。当然，为保险起见，千万不要忘记根据阻力位来设置止损单。如果股市大盘涨势或跌势已超过45～49天，那么，随后需要注意的时间周期就是60～65天，这又是一个进行交易的好时机，因为在这个时间周期中，熊市将会出现反弹，而牛市则要开始出现回调。

🖱 规则5 股市分段运动

股市大盘运动周期通常分为3～4段，呈波浪式推进。如果股市大盘上行第一次达到最高位，这时千万不要以为上涨的行情就此结束了。事实上，在真正的牛市中，大盘在真正到达最高点之前，还会继续上扬运行 3 ～ 4 次。

同样地，在熊市中，如果大盘下行，千万不要觉得大盘第一次下跌到最低位就是达到了最低点，在熊市真正结束之前，大盘至少还要下挫运行 3 ～ 4 次。

规则 6　以 5 ～ 7 点为基准买入卖出

个股的交易，应该以 5 ～ 7 点为基准进行买卖。当股市大盘行情强劲时，调整浮动区间只会下调 5 ～ 7 点，但不会下跌高达 9 ～ 10 点。通过研究道琼斯工业股平均指数，你就会发现，每次股指的震荡幅度都很有限，反弹或者回调往往都不会超过 10 点。

然而，一般的买卖点位则需要密切关注 10 ～ 12 点这个区间。如果反弹或者回调的震荡幅度达到这个区间，就是买进卖出的好时机。

如果大盘平均指数在最高位或最低位运行，上行或下行震荡幅度达到 18 ～ 21 点，就要密切注意了，这种反应通常预示着一轮行情的结束。

要在何时套现、获取利润——在买入或抛售股票之后。你还需要知道应该在什么时候套现获利，这时请谨记股市规则，一定要确定大盘行情有了明确变化迹象，才可以进行套现半仓等一系列操作。

规则 7　成交量

研究股市成交量的变化，将有助于判断股市大盘走势会在何时发生变化。因此，要结合时间周期来研究纽约证券交易所的成交总量，同时，要结合本书所讲到的股市法则，来研究个股的成交量变化。

规则 8　时间周期

在研判股市大盘走势变化时，时间因素和时间周期是首要的决定因素。因为时间周期可以影响股价，当股市大盘处于时间周期的上升阶段时，成交量会增加，而成交量的增加，会导致股价的走高或走低。

股市大盘走势变化的日期——股票市场的平均指数和个股走势往往呈现出季节性周期变化，因年份不同，这种走势也会发生不同的变化。通过了解、观察一些重要的日期，同时运用其他法则，就能快速判定走势的变化。

这些重要日期如下：

（1）1 月 7 日至 10 日、19 日至 24 日。这是一年之初较重要的日期，那些持续几周、有时甚至长达几个月的趋势变化，往往会出现在这些日期前后。如果你不相信，可以通过查阅以往的记录，亲自验证。

（2）2月3日至10日、20日至25日。这些日期的重要性仅次于1月的日期。

（3）3月20日至27日。在这个日期前后，股市将会出现小幅调整，有时一些主要的股指可能会出现最高位或者最低位。

（4）4月7日至12日、20日至25日。这些日期虽然不如1月和2月那些日期重要，但4月中下旬往往是股市趋势发生转折的重要时期。

（5）5月3日至10日、21日至28日。这个月这些日期的重要性，完全可以和1月、2月的日期相媲美。以往很多股指的最高位、最低位以及股市走势转变，都曾出现在这些日期前后。

（6）6月10日至15日、21日至27日。在这些日期前后，股市走势会发生小幅变化。在某些年份，这些日期甚至还出现过超高位或超低位。截至本书完稿时，1948年6月14日的股市曾出现了超高位，而在1949年6月14日则出现了超低位。

（7）7月7日至10日、21日至27日。7月的重要性仅次于1月，因为一年时间已过半，这个月正是上市公司进行年中分红的时间，而季节性变化以及农作物收成，都会对股票走势变化产生一定影响。

（8）8月5日至8日、14日至20日。就股市变化而言，8月和2月的重要性可以平分秋色。翻看过去的记录，你会发现，过去股市走势的重要转折点往往就出现在这个月的这些日期。

（9）9月3日至10日、21日至28日。这些日期是股市一年中较重要的时段，对股市中的高位或者牛市中最后一轮上涨行情的最终高位来说，更是如此，因为与其他月份相比，9月出现最高位的频率是最高的。某些股票的小幅波动，无论是上涨还是下跌，往往会在这些日期出现。

（10）10月7日至14日、21日至30日。这些日期都相当重要，股市走势的一些重要转变往往会在此时出现。如果股市已经持续走高或持续下跌了一段时间，那就更应该特别关注这些日期。

（11）11月5日至10日、20日至30日。研究过股市以往的行情后就会发现，这些日期非常重要，因为在此期间股市走势会发生一些重要转变。在总统大选之年，股市行情的变化往往会在这个月的月初出现，而在其他年份，股市则往往会在本月20日至30日期间持续走低。

（12）12月3日至10日、15日至23日①。在过去数年间，股市走势发生变化的时间，就是从12月下旬开始，一直持续到翌年1月，这段时间往往是股市走势转变的高发时段。

要仔细研究曾出现过超高位和超低位的"平均指数3日走势图"，记住那些超高位和超低位出现的确切日期，并在以后的股市中多加关注。

在研究股市走势变化的日期时，可以注意观察，股市是

---

① 现有的许多版本译为15日~24日，原著中为15日~23日——译者注。

否在以下时间周期内处于最高位或最低位运行：第 7 天至 12 天、第 18 天至 21 天、第 28 天至 30 天、第 42 天至 49 天、第 57 天至 65 天、第 85 天至 92 天、第 112 天至 120 天、第 150 天至 157 天，第 175 天至 185 天。在这些时间段内出现的大盘平均指数最高位或最低位越重要，随后出现的股市走势变化也就越重要。

股市失衡——大盘平均指数或个股在持续上涨或持续下跌了相当长一段时间后，股市就会开始失衡。这段时间越长，后期股市回调或者反弹的力度也就越大。

如果时间周期正处于股市的下行状态，而且下行时间比上一个时间周期的股市下行时间还长，那么股市走势很有可能会发生改变。如果此时的股价比上一个时间周期内下行状态下的股价要低很多，这就表明，此时的股市已经失衡，股市走势很快就会发生变化。

反之亦然，这条规则同样适用于熊市。当股市在很长一段时间内持续下跌时，如果首轮反弹行情持续的时间，已经超过了之前出现反弹行情的时间，就表明股市走势正在发生改变，至少会暂时发生改变。如果首次反弹以后的股价比之前反弹后的股价涨幅高出了好几点，这就意味着，股票的空间或价格运动已经失衡，股票走势即将发生改变。

与价格趋势的变化相比较，时间的变化显得更为重要。当大盘价格走势发生改变时，可以尝试运用所有的股市法则来进行检验，看看在这个时间点，股市是不是一定会出现新的改变。

如果股市处于一轮长期上升或者下跌行情的末尾阶段，并且已经是第三或第四次上升或下跌时，价格的波动幅度不会太大，时间周期也会比上一次上升或下跌的时间周期更短，这意味着，股市走势开始有转变的迹象了。

在熊市或下跌行情中，如果下跌的点数比上次减少了，且波动的时间周期也缩短了，那就意味着，熊市已经进入尾声阶段，时间周期即将结束。

ꙮ 规则 9　在顶和底都上行时买入

股市大盘的最高位和最低位都创出新高，意味着股市行情总体上呈上升趋势，这时候应该及时买入。股市大盘的最高位比以前低，最低位也比以前低，意味着股市主要行情呈下跌趋势，这时就应该及时卖出。

时间周期在任何时候都具有非常重要的意义。要找出上一次最高位到这次最高位，还有上一次最低位到这一次最低位的时间周期。此外，还要注意找出上一次股市大盘行情从最低位上升至最高位的时间周期，还有股价从最高位跌至最低位的时间周期。

高低价月线图——当股市大盘变化较小，且波动幅度也很小时，就需要根据每月股市走势，尤其是低价股票的走势，坚持绘制高低价月线图。当股价开始活跃时，就可以开始绘制高低价周线图（Weekly High and Low Chart）了；而对于在高位运行的股票，则应该绘制高低价日线图（Daily

High and Low Chart）。但请一定谨记：在指明股市走势变化方面，3 日走势图比高低价日线图重要多了。

⊙ 规则 10　牛市行情变化

股市行情的变化往往会出现在节假日前后，以下这些日期都很重要：

1 月 3 日、5 月 30 日、7 月 4 日、9 月初、劳动节 ① 后、10 月 10 日至 14 日、总统选举年的 11 月 3 日至 8 日、11 月 25 日至 30 日、感恩节 ②，以及 12 月 24 日至 28 日。在股市趋势变化明朗化之前，最后这段日期可能会一直持续到来年的 1 月初。

如果道琼斯工业股平均指数或个股股价发生波动，已经跌破了 9 点摆动图上的前一轮最低位，或者跌破了 3 日走势图上的前一轮最低位，这就表明股市走势正在出现变化，至少是暂时发生了变化。

在熊市中，对于原本一路走低的股市大盘，如果股价高于 9 点摆动图上前一轮反弹的最高点，或者超过 3 日走势图上前一轮反弹的最高点，这就是股市走势发生变化的第一个信号。

当股价在高位运行时，股价往往会经历几次波动。但如果随后的股价已经跌破了上一轮波动的最低位，就说明股市

---

① 美国的劳动节为 9 月的第一个星期一——译者注。

② 美国的感恩节是每年 11 月的第四个星期四——译者注。

行情已经发生了逆转或改变。

当股市在低位运行时，股价波动幅度往往很小，并会在一段时间内持续小幅震荡，但如果随后的股价超过了前一轮反弹的最高点，就说明股市走势已经发生了转变，这对判断股市趋势具有非常重要的意义。

要持续关注当前股市是否正好处于超高位或超低位出现之后的第 1 年、2 年、3 年、4 年、5 年。同时，需要检查时间周期是否位于超高位或超低位出现之后的第 15、22、34、42、48、49 个月，这些时间将会是股市行情发生变化的重要时间周期，尤其要仔细观察、重点关注。

规则 11 最安全的买卖时机

在股市明确的变化形成之后，再购买股票是最安全的。股价在触底后会有一波反弹，紧接着会再次下跌，但不会跌到最低位，而是会有一个较高的低价作为支撑，这就是次级调整，这个低价就是次级低位。当股价再次反弹，超过了上一轮反弹的最高位时，就是买进的最安全时机，因为这时股市已经出现了股票行情上行的信号。这时可以把止损单设置在次级低位的下方位置。

最安全的抛售时机——股市大盘持续上涨很长一段时间后到达最终高位，随后就急剧下跌，然后出现反弹，形成了低于最终高位的次级高位。紧接着，大盘从这个次级高位再次下跌，并跌破了上一轮下跌时的最低位。这时就是最安全的抛售时机，因为股市已经释放出了大盘行情下跌的信号。

2 日回调和 2 日反弹——当股市处于强劲上升行情中时，2 天是一个非常重要的时间周期。股市回调通常只会持续 2 天，这种下跌势头不太可能延续到第 3 天。只要股市行情没有明确发生改变，这种情况就会频繁出现。如果个股或者大盘平均指数下跌的势头只有 2 天，说明其行情仍然十分强劲。关于 2 日运动，可以从本书中的 3 日走势图中一探究竟。

在股市处于强劲下跌行情中时，反弹也往往简短而急速，而且通常只会持续 2 天时间。仔细研究 3 日走势图就会发现，在 1929 年秋天股市大跌时、在 1930 ～ 1931 年的大熊市中，这样反弹的实例比比皆是。

请一定谨记，只要股市行情上扬，无论股票的价格多高，都可以考虑买进。同样，如果股市行情下跌，那么，无论股价有多低，都可以考虑卖出。千万别忘了，用止损单来保护自己的投资，这样才不至于遭受太大损失。

永远记得，要顺势而行，断不可逆势而为；要在大盘强劲时购股，在大盘走低时抛股。

规则 12　在大盘急速震荡中获利

当股市大盘运行非常活跃，而且上涨和下跌都十分迅速时，通常每天的股价平均波动值可以达到 1 点左右。如果大盘平均指数或个股每天波动以 2 点或超过 2 点运行，该波动远远高于正常波动范围，这表明大盘运行已偏离了正常轨道，不会持续太长时间。

在牛市中，这种快速波动会在大盘短期快速回调或下跌的情况下出现；在熊市中，当大盘下跌时，也会出现这种大盘快速反弹的行情，以便在极短的时间内迅速抬高股价、纠正头寸（详情请参照本书第五章"短期价格调整的时间周期"中的资料与案例）。

为了让大家加深印象，我需要再次强调：如果想在股市获得成功，就必须投入大量时间来学习研究。花费的时间越多，获得的知识就越多、越扎实，今后获得的利润也就越丰厚可喜，投入与收获成正比。

为了探索和验证以上 12 条规则，我花费了长达 45 年的时间进行实践，在这一过程中，我也深刻领悟了股市成功的秘诀。我将这些行之有效的股市规则分享给大家，接下来就要看投资者自己的了。

投资者想要在股市获利，就必须学习这些规则，并在适当的时机，将其付诸实践、学以致用。

24 条制胜法则

要想在股市交易中无往不利，投资者就必须有一套明确的规则，并坚定地执行这些规则。以下是我基于自己的经验总结的 24 条制胜法则，如果投资者可以学以致用，相信一定会获益良多。

（1）本金使用数额。将本金平均分成 10 等份，每笔交易使用的本金额度都不超过资金总量的 1/10。

（2）使用止损单。为了保证投资安全，每完成一笔交易后，在成交价下方 3 ～ 5 点处，都要及时设置止损单。

（3）绝不超额过度交易。一旦交易过度，就违反了第一条本金使用法则。

（4）绝不让盈利变为亏损。一旦盈利超过 3 点，止损单的设置点位就要及时提高，以免资金遭受损失。

（5）切勿逆势而为。如果无法依据走势图确定股市走势，就不要进行交易。

（6）如果看不准行情，就赶紧从股市抽身而退。在看不准行情的情况下，就不要入市。

（7）只买卖表现活跃的股票，远离那些成交量小甚至根本就没有成交量的股票。

（8）均摊风险。如果条件允许的话，尽可能选择 4 至 5 只股票进行交易，不要把所有资金都投放到一只股票上。

（9）千万不要限定委托交易条件，或是事先固定股票交易价格，要随行就市、见机行事。

（10）不到万不得已，不要轻易平仓。要学会用止损单来保护自己的利益。

（11）累积盈余。在成功完成了多笔交易后，要把其中一部分利润存入盈余账户，以备紧急情况或股市出现恐慌之时使用。

（12）绝对不要为了一次分红而购股入市。

（13）绝对不要平均计算个股损失，这是股民极容易犯的极糟糕的错误之一。

（14）绝对不能因为耐心不足而抛股退市，也不能因为等待太久而急不可耐地盲目入市。

（15）要避免赢小利、亏大钱，捡了芝麻丢了西瓜。

（16）千万不要在交易过程中撤销设置好的止损单。

（17）避免过于频繁地出入市。

（18）要愿意进行卖空交易，要把目标定成紧跟股市、走向盈利。

（19）绝对不要因为股价低而买进，也不要因为股价高而卖空。

（20）注意不要在错误的时机采用金字塔交易法补仓加码。要等到大盘表现活跃并且突破阻力位后再加码买入补仓。同理，要到股市大盘跌破派发区域后再抛售清仓。

（21）要挑选流通股份额较小的小盘股做多，挑选流通股份额较大的大盘股做空。

（22）千万不要进行对冲交易。如果你持有的一只股票走势向下，这时绝对不能用做空另一只股票来进行对冲，要及时清仓收拾残局，再另外等待时机。

（23）除非理由充分，否则在股市中不要随意进行多空交易。一定要在有充分的依据或者明确的计划时，再进行交易。同样，在股市没有明确的走势变化迹象时，不要轻易离场。

（24）避免在长期成功或者盈利后增加交易频率。

在进行股票交易时，一定要严格遵守这 24 条制胜法则，确保自己没有违反其中的任何一条，因为这些法则是你在股市制胜的关键。当你交易失利，不得不忍痛"割肉"结束交易时，请再次回顾并对照这些法则，反省一下自己违反了哪一条，以免重蹈覆辙。

如果你对股市颇有研究，也曾亲身实践，那么你就会清楚地知道这些法则非常实用，也会明白这些法则的价值。一定要不断地观察和学习，只有这样，你才能掌握正确而实用的理论，这会引导你在华尔街获得成功。

资金安全

在股市中，你首先应该考虑的，就是如何保护你的资金，并尽可能安全地进行交易。确实有这样一条稳妥可靠的法则，可以确保交易安全。那些完全遵循、从未违背这条法则的人，在股市投资中无往不利，而且每年年底都能盈利颇丰。

这条法则就是，将你所有的资金分成 10 等份，在进行任何一笔交易时，投入的资金都不要超过总资金的 1/10，也就是每笔交易使用不超过 10% 的资金。假设你的资金是 1 000美元，那么你第一笔交易拿出的资金就不要超过 100 美元。同时，为了预防损失，你还得设置止损单，以保万全。

假如你买入了 10 股股票，如果股市下跌了 3 点，那么你手上这 10 股股票就亏损了 30 美元，这总好过你把 1 000美元全部拿来买股票，那么你买的这 100 股股票就会亏损300 美元。

在交易失利、资金亏损后，只要手里还有充足的资金，你迟早还能找到新的挣钱机会。如果一开始就冒险投入了大笔资金，一旦亏损，你的资金就会处于险境，你的判断力也会受到影响。只要在交易时谨遵这条法则，即便偶有亏损，也不会让你太过心神不宁、惶恐不安。

止损单

止损单是确保投资者资金安全的唯一法宝，其重要性不言而喻，无论重复多少遍都不为过。在前面，我已经反复提到设置止损单的好处，在此不再赘述。

投资者都会设置一个止损单，可能在 10 次中，会有那么一次，止损单设置的地方恰巧就是股票的最高价或最低价处。在这种情况发生之后，投资者就会一直对此耿耿于怀："我设置了止损单后，也许股价正好下跌或上涨到我设的点上就停滞不动了，然后整个股市走势就发生了变化。"所以，这些人此后就不再使用止损单了。经纪人也常常在他们耳边灌输一些错误思想，误导他们相信止损单并没什么用。

这些人显然忘记了，除了那一次，其余时候，止损单十有八九都发挥了积极的作用。如果股市走势与投资者的预期相悖，止损单可以帮助他们及时脱身退市，避免造成更大的损失。所以，即使止损单让你错过了某次投资时机，在接下来的 9 次机会中，止损单一定会弥补之前的失误，发挥积极作用，帮你及时脱身离场。所以，谨记，一定要使用止损单。

⌐ 转变观念

智者会适时转变观念，蠢人则只会故步自封。智者会先做调查再做决定，蠢人则只是草率地做决定。在华尔街，如果不及时转变观念，头脑也会变得僵化。一旦你有了充分的理论依据，决定要进行一笔交易了，那就不要再草率地改变主意。在此，我想要特别指出的是，当股市与你之前的预判背道而驰时，千万不要轻易更改或者取消止损单。

在股市做交易，首先要做的就是设置止损单，这是进行自我保护的头等大事。设置止损单绝对是明智之举，也是一种正确的预判。如果你突然改变主意撤销了止损单，那就是愚蠢之举。其实你之所以撤销已经设置好的止损单，并不是基于有理有据的正确判断，而是因为你心存侥幸。但在华尔街，如果心存侥幸，只会让你赔钱。

一旦你设置了止损单，并且中途不予撤销，那么十有八九，最后的事实会证明，你坚持做的这件事情会给你带来最好的结果——你会发现，那些坚持这条法则的股民，最后往往都会取得成功。

在此，我需要再次申明：如果不能遵循股市法则，那就最好不要投机炒股，否则必将血本无归。你必须坚定不移地遵循的一条法则：在交易时要设置止损单，且中途不能撤销。

过度交易

人性的弱点使然，历史才会不断地重复上演。急功近利、幻想着能"捞快钱""一夜暴富"的贪欲，已经让不少人付出了惨痛代价。过度交易是所有炒股者的"致命伤"，每一个经验老到的股民对此都深有体会，但很多人仍然放任自己的贪欲，直到被自己贪欲反噬得倾家荡产。要治疗这种"致命伤"，有一剂"良方"——止损单。

保护盈利

保护盈利和保护资本同样重要。一旦交易成功获利，就要确保盈利不会化为乌有，甚至有所损失。当然，这条规则也会出现例外，这就需要你根据利润的多少，来设置止损单。以下我所说的规则，在一般情况下都很适用，而且也较安全——当某只股票获利超过了 3 点时，就应该把止损单设置在获利和失利刚好持平的位置上，即使这个位置正好是转折点也不例外。如果是表现活跃的高价股，当股票获利 4～5 点时，就要及时设置止损单，止损单同样要设置到获利和失利持平的地方。这样一来，风险就被降到最低了，但获利的机会并没有受到任何影响，因此盈利的机会能够增至最大。如果股票一直在盈利走高，那么止损单的位置也应该随之调整调高，这样就能在保护盈利的同时，增加盈利。

买入时机

交易的时机非常重要，必须将某种具体的规则，或者明确的信号作为确定下单交易时机的依据。如果你仅仅凭借自己的主观印象来判断，认为股市大盘已经触底或触顶，实际上你会发现，10 次中有 7 次，你的判断都是错误的。

股市今天的走势如何并不重要，你认为股市会是何种走向也不重要，重要的是那些能表明股市走势的信号迹象，那是能指示你下单交易，能帮你在将来获利的依据。

当某只股票到达低位或者高位时，你如果想要建仓，就应该等到股票上涨或下跌趋势的迹象出现后再行动。尽管在等待的过程中，有时候也可能会错过最低位或最高位，但保持观望可以保全资金。等到有信号或迹象出现，你能确信自己不是逆势而为时，就可以顺势而为进行交易了。

请谨记，重要的不是赚了多少钱，也不是赔了多少钱，眼睛不要只盯着钱，这不应该是你关注的重点。你的重点目标应该是正确判断股市走势，并顺应股市走势进行交易。你要全神贯注地研究股市的正确走势，不要只想着利润。如果你对股市的研判正确，利润自然就会滚滚而来；如果判断失误了，那你就只能依靠古老而可靠的保护伞——止损单了。

卖出时机

　　一种类型的投资者往往会过早地从股市脱身离场，因为他们往往已经持股很长时间，等待着股市可以活跃起来，股价能够飙升。当股价开始上涨，第一次升至一个新高度时，他们就会匆忙地在第一时间全部卖出，这是非常不明智的。

　　另一种类型的投资者，则是离场太晚。当持有的股票大幅上涨时，他们总希望股价还能再创新高，因此总是捂着股票舍不得放手。但股价永远达不到他们预期的价位。所以，当股价第一次出现快速下跌时，他们就开始安慰自己，如果股价能反弹回先前的高位，就把股票抛售出去。结果股价确实反弹了，但没能达到之前的高位，随后就开始调头下跌，创出了新低。这时他们的脑海中又确定了一个可以抛售的价位，但这也只是一个"期望中的价位"罢了。他们眼睁睁地看着股价越跌越低，最后，当股价从高位下跌了一大段距离后，他们终于按捺不住，无奈之下，只能颓丧地抛售清仓。

　　投资者应该在股市走势发生变化时抛售股票，这并没有错，但如果发现变化已经出现，就应该果断地出手抛售。对这类投资者来说，最好的办法就是贯彻使用止损单法则，哪怕距离设置止损单的位置尚有 10 ～ 20 点，也不要有丝毫迟疑。

⌐ 延误的风险

在华尔街，往往是行动派赚钱，拖延者受穷。

内心的美好幻想帮不了你，也不可能让你在股市博弈中获胜。凭借幻想豪赌的人，最后总是会输得倾家荡产。所以，你必须放弃这种毫无用处的空想，多动脑子思考。思考之后，还要选择适当的时机开始行动，切切实实地在股市进行交易，否则，再多、再周全的深思熟虑也于事无补。知道应该在什么时候交易却不采取行动，就只是纸上谈兵，根本无济于事。

延误交易是很危险的。在股市中，你空想或延误交易的时间越久，做出的判断就越容易出现偏差，犯错的可能性就越大，交易时也就越有可能亏损。停滞意味着死亡和毁灭，行动才能带来生机。不管你的判断是对是错，如果只空想不行动，就永远不会为你保本，也不会帮你赚钱。

切记，立即采取行动，比盼望着能在某个不确定的时机天降横财要可靠多了。在身体不适或者情绪不好时，不要进行交易，当身体状况不佳时，判断力也会下降，这时容易出错。保持身心健康，是投资者成功的法则之一，因为健康就是财富。

⌐ 加码时机

加码有两种方式，一种是在股市出现新走势，股价创下新高或新低时，立即加码买进或抛售更多股票。

在活跃的股市中，如果大盘走势如你所愿，那你就可以在股价每上涨或下跌 3 点、5 点或 10 点时，持续买进或卖出，具体操作方法主要取决于你持有的股票类别，以及你自己的加码方法。

我的方法是，先判断股票会在什么位置进行调整，然后预测这只股票从目前的高位回调了多少点，或者从目前的低位反弹了多少点。如果这些波动已经运行了 3 点、5 点、7 点、10 点或 12 点，那就以此为依据，从最高位开始，进行第 1、第 2、第 3、第 4 次加码买入或抛出。依照以往的经验，投资者要在股价进行了 3 点、5 点或 10 点的调整后，再开始加码。

反之亦然，这个规则在熊市中同样适用。在 1924 ～ 1929 年通用汽车公司股票的交易中，大家在进行加码时就会发现，遵循这条规则，要比相隔许多点买入或卖出安全得多。

在加码时间上，我遵循的规则是，测定第一次重要调整的时间。这条规则能确保在加码时，你的资金更加安全。例如，通用汽车公司的股票在 1924 年上市交易时，股价上涨时间仅仅保持了 3 周，所以，当这只股票每次从高位开始回调 2～3 周时，都是比较保险的买入时机，直到股票到达最终高位，才会再次转变走势，开始下跌。

用这种方法来确定股票的调整时间并测算出相关数据，将会帮助投资者大幅提升利润，还可以让投资者紧紧跟随股票的主要走势，而这种顺势行为，有时候甚至可以长达数年之久，投资者往往可以从中获得 100～200 点的利润。

这条时间法则跟其他法则一样，对于活跃的高价股最为适用，所以应该将其应用到交易活跃的股市中，以便更好地发挥作用。

不管采用什么方法炒股，为了保护你的利益，在进行加码交易后都一定要设置止损单。你赚取的利润越多，需要承受的股市波动幅度范围就越大，需要承受的股市回调或反弹风险也就越大。换言之，你在设置止损单时，可以把止损单放到离目前股价更远些的位置，这样一来，你如果想要加码，就不会受股市一些常规波动的影响。

比如，你持有一只上升趋势的股票，而且与购入时的股价相比，这只股票已经帮你赚取了 100 点的利润。如果这只股票曾经有过一些波动，回调了大约 20 点，那么，在整体走势上升的情况下，这只股票就极有可能再次回调 20 点。因此，你的止损单应该设置在低于目前股价 20 点的位置上，即便股价真的回调到这个位置，止损单生效，你的资金也不会遭受损失，最多只是损失了部分账面利润。

不过，如果是在加码的初期阶段，为保险起见，在设置止损单时，最好还是离当前的股价近一些，这样至少可以保护你的原始资金不受损失。

预期盈利

大多数股民都渴望通过投资来获取暴利，但他们从来没有静下心来细细计算一下，如果在 10 ~ 20 年，每年能获取 25% 的收益，将会意味着什么。假设当初的原始资本是 1 000 美元，每年收益 25%，那么 10 年以后，资本将会增加至 9 313.23[①] 美元。如果原始资本是 10 000 美元，年收益率是 25%，那么 10 年以后，资本会增加到 93 132.26[②] 美元。

由此可见，如果一个人能谨慎投资，且不贪图暴利，那么在一段合理的期限内，想要积累一笔财富，还是很容易的。但是很多来华尔街的投资者都梦想着在 1 周或者 1 个月内，就让自己的资本翻番，这是根本不可能的。股市确实会有一些绝佳的机会，可以让人只用 1 天、1 个星期或者 1 个月的时间，就能大赚一笔，但这样的机会实在是微乎其微，而且可遇而不可求。即便是你非常幸运地遇到了这样的机会，还赚得盆满钵满，也决不能因此而头脑发昏地想入非非，奢望着下次还能继续这样发大财。

切记，大多数时间，股市都是正常波动的，因此，这也意味着，投资者在绝大多数时候只能赚取正常的收益，不可

---

① 原著中是 9 313.25 美元——译者注。
② 原著中是 93 132.70 美元——译者注。

能会有超常的盈利。许多投资者在买卖股票时，从来不考虑可能会赚多少钱，也不考虑损失的概率有多大。如果你也存在这样的问题，那么以下这一点就应该成为一条你要遵循的股市法则：如果一只股票不能赚 3 ～ 5 点的利润，就不要拿这只股票来进行买卖，除非你设置的止损单正好就在离股价 1 ～ 2 点的位置。

一般来说，为了 3 ～ 5 点的收益，却要冒着可能会损失 3 ～ 5 点的风险，这种做法很不值得提倡。要在适当的时机出手，至少在确保盈利比损失更多的情况下出手交易。如果你认为一只股票只能赚 3 ～ 5 点的利润，那就不要出手，因为你很可能会因为判断失误而损失 3 ～ 5 点甚至更多。最好等到大盘越过阻力位，有机会获得更大利润时，大盘呈现的涨势也会保持得更长久，这时形势乐观，就可以出手买卖了。

赚差价的黄牛党只能赚点儿蝇头小利，永远赚不到大钱。

记住，要想在股市炒股成功，你的利润就必须永远多于亏损，而你需要遵循的规则必须是减少损失、增加利润。

该不该追加保证金

在股市做交易的同时，都会按规定缴纳一定数量的保证金，如果之后股票走势与你的预期不符，这时你的股票经纪人就会通知你，让你追加更多保证金。这时候，你要做的并不是追加保证金，而是按这个时间的市价抛售股票或回补空头仓位。如果你已经投入了更多的保证金，那么就趁头脑清醒、判断力好，用这笔钱再买入有潜力的新股或进行新交易。

在绝大多数情况下，投资者只要第一次追加了保证金，就会死攥着这只股票不放手，然后就会第二次、第三次追加保证金。只要投资者还有钱，就会一直追加下去，把所有的钱都放到这只股票上。一旦这只股票交易失利，所有追加在其上的资金就全部打了水漂。

因此，如果经纪人通知你追加保证金，那就说明一定有什么地方出了问题，此时最明智的做法就是清仓离场。

联名账户

如果不是迫不得已，永远不要和他人开设联名账户，也不要与他人合伙炒股。如果两个人共同持有一个账户，或许会在买入股票的时机上保持一致意见，也可能会在股票的抛售时机上保持一致意见，甚至在建仓的时机上也会保持一致意见，但真正的问题在于，当要结束交易平仓时，由于对盈利的期望不同，在出手时机和价格方面，两人很难保持一致意见。这样导致的结果就是，在退出交易时出现失误。因为一个人不愿意卖出股票，所以另一个人就不得不继续持有手上的股票，一直等到最后股票走势逆转时，再要进行交易已经很不利了，两人便不得不继续持有股票，同时寄希望于股市能再次出现转机。结果到头来，这只原本可以盈利的股票，却让他们把赚的钱又亏了进去。

在股市中，一个人想要头脑清醒地炒股赚钱实属不易，两个人一起赚钱更是难上加难。两个人要想合作炒股成功，方法只有一个，那就是一个人负责交易进行买进卖空，而另一个人则只负责设置止损单，其他什么都不管。这样一来，即便在交易中判断失误，止损单也可以帮助他们保障资金安全。

和配偶合伙炒股，这一做法也不可取。对股票的买卖应该由一个人拍板决定，这个人要学会在股市中如何交易，并能当机立断，而不应该受到合伙人的影响。

投资者心理探秘

一般来说，投资者都不愿意接受让自己难受的事实，他们只想看自己希望看到的东西。持有股票时，所有对股价看涨的消息、传言、评论和谎言，他们都愿意相信；如果出现对股价不利的报道，或者有人说了他们手上股票不好的消息，他们都会视若无睹、充耳不闻、不愿相信。但是忠言逆耳，真正对投资者有用的是事实真相，他们应该相信的是事实，而不是那些为他们构筑希望却会导致损失的空想。

投资者在犯了错误后，往往都会说："下次我一定不会再犯同样的错了。"但他最终还是会重蹈覆辙。所以，在华尔街，我们经常会看到"菜鸟"跟着有经验的老股民学习，结果却会走上老股民赔钱的老路。

很少有人提及那些在华尔街股市投资赔钱的真实内幕，

无论是投资大户还是炒股的散户，往往都只会对自己赚钱的辉煌战绩一再炫耀，而对失误和损失则闭口不提。因此，无知的新手初进华尔街时，往往会误以为华尔街遍地是黄金，轻轻松松就能赚到大把金钱。他们从来没有听过在华尔街亏损赔钱的真实失败案例。而恰恰是这些不为人知的真实经验，才能真正帮助初踏股市的新手，让他们在今后的股市投资中避免犯下同样的错误。

新手需要知道的是，在华尔街，90% 以上的失利都源于未设置止损单和过度交易。因此，想要在股市成功，就必须遵循规则、克服人性弱点，而那些弱点曾经让无数人在股市中倾家荡产。

克服人性弱点

很多投资者在赚钱以后，往往会沾沾自喜，甚至会觉得自己的判断无比正确，会认为他们全凭自己的本事赚钱，战无不胜。但如果投资失利，他们的态度就会截然不同，很少会有人自责或从自身寻找失利的原因。他们通常会为自己找借口、找理由，认为赔钱只是意外，当初就不应该听从别人的建议，如果自己来做决断的话是会赚钱的。他们不停地说着"如果""而且""但是"，抱怨这个、埋怨那个，以此来臆想这不是自己的错。这就是他们一次次重蹈覆辙的原因。

投资者也好，炒股者也罢，在失误时都必须设法自救挽回损失，还要自我反省，寻找自身原因，而不是把失误归咎于他人。如果不这样做，那么就永远无法克服自身的弱点。毕竟，这种损失是自己的所作所为造成的，股票交易也是自己进行的。因此必须找出自身的问题并加以改正，才有可能获得成功，除此之外别无他法。

投资亏损的原因很多，其中的一个主要原因就是，投资者往往不愿意自己动脑子，而是让别人替他们考虑，或者听从别人的建议，但别人的建议和判断其实并不见得比投资者自己做出的决断高明。要想在股市成功，投资者就必须亲身实践、自力更生，对股市进行调查研究。只有从"菜鸟"进化成独立思考、善于学习炒股知识的投资者，你才不会走其他"菜鸟"走过的老路——被不断地催缴保证金，被迫"割肉"出局。只有在你懂得自救时，别人才能帮到你，或者告诉你该如何自救。

诚然，我可以教你这个世界上最有用的股市规则，告诉你判断股票走势的最好方法，但你还是有可能会由于人为因素而赔光全部身家，这种人为因素，其实就是你自己的人性弱点——你可能会不遵守规则，可能会因沉迷于自己的空想或内心的恐惧，罔顾客观事实而做出主观臆断；你可能会迟疑不决，可能会耐心不足，可能会仓促行动，可能会贻误时机，你自身的这些人性弱点导致了你的失误，你却欺骗自己，把责任归咎于股市。

永远记住这一点：损失是因你自身失误造成的，不要怪罪股市或操盘手。所以，投资者要么尽力遵守股市规则，要么远离投机行为，否则注定失败。

第三章

如何挑选有独立行情的个股

在股市大盘中，当一些股票创出新低时，另一些股票却在创出新高。这些股票不受股市大盘平均指数的影响，也不受其所处板块中其他股票的影响，形成了独立行情。研究一下过去几年的股市大盘走势图，就能找出这些具有独立行情的个股。

比如，城市服务公司这只股票，1938 年，它的最高价曾达到了 11 美元；1939 年时，它的最低价是 4 美元；到了 1942 年，它的最低价达到了 2 美元，最高价上涨至 3.5 美元。连续 4 年，这只股票的股价在 11 ～ 2 美元的范围内波动，1942 年，它的波动幅度只有 1.5 美元。这表明，这只股票已经完全被套牢，除了内部人士，愿意买它的人已经所剩无几。这时就可以趁机买入，即便这只股票被摘牌，投资者也只不过是每股损失 2 ～ 3 美元。但你要知道这只股票的买入时机是什么时候，什么时候买入是安全的，什么时候这只股票会有明确的上涨走势。时隔 5 年之后，1943 年，这只股票突破了 11 美元，超过了 1938 年的最高价。这个新突破意味着，这只股票以后的股价还会持续走高，这时就应该立即买入。股票的最高位和最低位持续走高，表明这只股票的主要趋势是向上的。

1948 年 6 月，城市服务公司的股价最高价涨到了 64.5 美元。到这个时候为止，这只股票从显示出上涨走势以来，已经一路走高上涨了 53 点。如果你在 11 美元时买进，并且在 3 点处设置了止损单，那么，在不用加码的情况下，你的资本也已经增加了 4 ～ 5 倍。

1949 年，这只股票的最高价是 48 美元；最低价为 38 美元，仍然高于 1948 年的股价。因为公司收益情况良好，所以，只要这只股票的股价维持在 38 美元以上，就依然能持续走高。

买入一只股票同时卖空另一只股票

在前面第一章"股市中的交叉流向"中，我曾经说过，在相同的时期内，有些股票会上涨，甚至会创出新高，而有些股票则会下跌并创出新低。大多数时候，投资者可以在高位卖空一只股票，同时买入正在低位抛售的另一只股票。这两只股票的价格，最终会逐渐靠拢，而你通过这种操作，就可以两头赚钱。

百事可乐和美国无线电公司

1947 年 8 月，百事可乐的股价为每股 34.5 美元。此前，这只股票的售价曾经达到 40 美元，然后高位不断下移，根据股市规则可以判定，这只股票的趋势已经下行。假设你要以 32 美元的价位卖空 100 股百事可乐的股票，而在此时，美国无线电公司的股价达到了每股 8 美元，信号显示，这只股票在低价区获得了较强支撑。

你可以用 8 美元的股价买入 100 股美国无线电公司的股票，并在 7 美元处设置止损单。而在对百事可乐的股票进行卖空交易时，你可以在 35 美元处设置止损单。如此一来，即便股价跌破 7 美元或涨过 35 美元，两个止损单同时成交，你所有的损失也就是 400 美元加上手续费用。事实上，股价并没有跌破 7 美元，也没有涨过 35 美元，百事可乐的股价继续下跌，美国无线电公司的股价则继续上涨。

1947 年，美国无线电公司的股票最低价是 7.5 美元，按照我总结的"100% 上涨规则"来预测，这只股票会以 15 美元的价位抵达最高位。果然，1948 年 6 月，美国无线电公司的股价上涨 100%，升至 15 美元，成交量开始大增，抛压沉重，股价也未能突破 15 美元这个阻力位。但投资者有充裕的时间，可以顺利在 15 美元卖出该股票，获利退场。

1948 年，百事可乐的股价已经跌至 20 美元以下，比之前 40.5 美元的最高位股价下跌了 50%。既然百事可乐的股价已经跌破了这个重要的支撑位，投资者就可以继续放空，并将止损单下调至 21 美元处设置。

1948 年 12 月，百事可乐的股价跌至 7.5 美元的低价区，这也是这只股票在 1939 年时创下的最低位，当年，这只股票在这个价位获得了支撑。这个时候，就是对百事可乐进行空头仓位回补的好时机，投资者可以在 8 美元的价位买入这只股票。这样一来，投资者在百事可乐的股票上可以获得大约 24 点的利润，在美国无线电公司的股票上也可以获得大约 7 点的利润。

事实上，百事可乐的股价并没有跌至 7 美元，而是反弹至 12 美元。如果你在 8 美元的价位补仓时，在 7 美元的价位设置了止损单，百事可乐的股价也不会跌破止损单价位。

买入美国无线电公司股票的时机

我们来看看，在最近几年股市走势图上，美国无线电公司这只股票的最高位和最低位。

1945 年，这只股票抵达股价最高位 19.625[①] 美元；1947 年，这只股票跌至最低位 7.5 美元；1948 年，这只股票的股价回升至 15 美元。7.5 美元和 15 美元之间有 50% 的点位，也就是中间位置是 11.25[②] 美元。这只股票最近一次的最高位是 19.625 美元，如果股价从这个最高位下跌 50%，那么股价大约就是 9.81 美元，也就是股价接近每股 10 美元。1949 年 6 月 14 日，美国无线电公司的股价跌至 9.75 美元，6 月 29 日前后，股票仍然维持着 9.625 美元的低价。

这样一来，你原本想要以每股 10 美元买的股票，现在就有了买进的机会，可以在 8.5 美元处设置止损单。接下来，

---

① 原著中为 $19\frac{3}{8}$——译者注。
② 原著中为 $11\frac{1}{2}$——译者注。

你需要关注的就是，这只股票会在何时表现出强劲的上升趋势。当股价穿过 11.25 美元的价位，并在这个价位上方出现拐点时，就表明这只股票有可能继续走高。

这只股票的下一个目标价位是 15 美元，并在 1949 年到达这个价位，另一个目标价位就是再次回到 1945 年的最高位 19.625 美元。如果美国无线电公司的股价能突破 20 美元，那么它就会有强劲的走势，这意味着它还有很大的上升空间。我很看好美国无线电公司的股票，它前途无限，今后大有可为，很可能会成长为真正的领涨股。

第四章

最高价与最低价百分比

在我发现总结的所有股市规则中，最重要的一条，就是如何计算大盘平均指数与个股股价最高价及最低价的百分比。因为超高价和超低价的百分比，能够预测未来股价的阻力位。

每一只股票的底部价格，都会与这只股票未来的高位价格之间存在某种关系。同时，它与最低价的百分比会向投资者预示，下一次会在什么价位出现最高价。在这个最高价上，投资者冒很小的风险，就可以把手上长期持有的股票卖出，然后进行做空交易。

一只股票在走势中出现的超高价或任何次高价，都可以预示这只股票未来会出现的最低价或其他低价位。其与最高价的百分比，可以向投资者指明，这只股票未来的低价位会出现在哪里，以及阻力位会在什么价位出现。在这些阻力位，你只要冒很小的风险就可以买入股票。

最重要的阻力位，是任何高价和低价50%的中间位置；第二个重要的阻力位，是大盘平均指数和个股股价最低价100%的位置。此外，200%、300%、400%、500%、600%或者更高的百分比也应该纳入考虑范围，因为你应该都会用到，具体选用哪个百分比，取决于从最高价或最低价开始的价格和时间周期。第三个重要的阻力位，是最高价和最低价 25% 的位置；第四个重要的阻力位，是超低价和超高价 12.5% 的位置；第五个重要的阻力位，是超高价的 6.25%，但这个阻力位只适合大盘平均指数或个股在非常高的价位交易时使用。重要性排在第六的阻力位，是 $33\frac{1}{3}$% 和 $66\frac{2}{3}$%，投资者需要计算出这些百分比，并关注阻力位之后的 25% 和 50% 这两个价位。

为了更好地判断这些重要的阻力位会在哪里出现，投资者应该参照大盘平均指数或自己交易的个股情况，制作一张百分比表。

1896 年 8 月 8 日，12 种工业股的平均指数最低价是 28.50 点。这是一个超低价，因此，基于这个价格计算的百分比（如下表所示）是非常重要的。

12 种工业股平均指数最低价上涨百分比

1896 年 8 月 8 日 最低价 28.50 点		1921 年 8 月 24 日 最低价 64.00 点	
上涨	点数	上涨	点数
50%	42.75	25%	80.00
100%	57.00	50%	96.00
200%	85.50	62.5%	104.00
300%	114.00	75%	112.00
400%	142.50	100%	128.00
450%	156.75	125%	144.00
500%	171.00	137.5%	152.00
550%	185.50	150%	160.00

1896 年 8 月 8 日 最低价 28.50 点		1921 年 8 月 24 日 最低价 64.00 点	
上涨	点数	上涨	点数
575%	192.75	162.5%	168.00
600%	199.50	175%	176.00
700%	228.00	187.5%	184.00
800%	256.50	200%	192.00
900%	285.00	212.5%	200.00
1 000%	313.50	225%	208.00
1 100%	342.00	237.5%	216.00
1 200%	370.50	250%	224.00
1 250%	384.75	275%	240.00
		300%	256.00
—	—	400%	320.00
		500%	384.00

1932 年 7 月 8 日，道琼斯 30 种工业股平均指数的最低价是 40.56 点。基于这个价格的百分比如下表所示。

道琼斯 30 种工业股平均指数最低价上涨百分比与最高价下跌百分比

1932 年 7 月 8 日 最低价 40.56 点		1933 年 10 月 21 日 最低价 82.20 点	
上涨	点数	上涨	点数
25%	50.70	100%	164.40

续　表

上涨	点数	1934 年 7 月 26 日 最低价 84.58 点	
50%	60.84		
75%	70.98	上涨	点数
100%	81.12	100%	169.16
150%	101.40	1938 年 3 月 31 日 最低价 97.50 点	
175%	111.54		
200%	121.68	上涨	点数
225%	131.82	100%	195.00
250%	141.96	1942 年 4 月 28 日 最低价 92.69 点	
300%	162.24		
325%	172.38	上涨	点数
350%	182.56	12.5%	104.27
375%	192.66	25%	115.86
400%	202.80	37.5%	127.44
425%	212.94	50%	139.00
1933 年 7 月 18① 日 最低价 84.45 点		62.5%	150.58
		75%	162.16
上涨	点数	100%	185.38
100%	168.90	112.5%	196.96
		125%	208.45

———————

① 原著中为 18 日，应该为 21 日，参见本书第六章——译者注。

最高价百分比			
1919 年 11 月 3 日 **最高价 119.62 点**		**1933 年 7 月 18 日** **最高价 110.53 点**	
上涨	点数	下跌	点数
100%	239.24	25%	82.90
~~200%~~ 325%	358.86	**1937 年 3 月 8 日**[1] **最高价 195.50 点**	
	388.50		
1929 年 9 月 3 日 **最高价 386.10 点**		下跌	点数
		50%	97.75
下跌	点数	**1943 年 7 月 15 日** **最高价 146.50 点**	
50%	193.05		
75%	96.52	下跌	点数
87.5%	48.32	50%	73.25
1930 年 4 月 16 日 **最高价 296.35 点**[2]		上涨	点数
		25%	183.27
下跌	点数	50%	219.75
50%	148.17	**1946 年 5 月 29 日** **上一个超高价 213.36 点**	
75%	74.08		
87.5%	37.04	下跌	点数
—	—	25%	160.02

[1] 原著中几处都提到了 1937 年 3 月的最高价，每次时间都不一致，在本书第七章"1912—1949 年大盘平均指数的 3 日走势图""大盘平均指数 9 点及 9 点以上走势图"数据中，最高价出现在 3 月 10 日——译者注。

[2] 原著中多次提到这一天，最高价的数值不一致。在本书第六章中，这一天的最高价为 297.25 点——译者注。

我们也可以计算出这些价格的其他阻力位百分比。

跌破 50% 价位的股票

如果一只股票跌破了最高价和最低价之间 50%，或者超高价和超低价之间 50% 的价位时，投资者必须予以足够的重视。如果这只股票未能在这个价位获得支撑并稳住，那就说明它的走势很弱，很可能会继续下行，从超高位往超低位下跌至 75%，甚至更低的价位。

最高价的 50% 是个很重要的位置，如果一只股票跌破这个价位，就代表它的涨势已经非常微弱。之所以会有这样的判断，是因为如果能够在到达支撑位后回弹，那么早在从最高位跌破 50% 时，这只股票就该获得支撑并站稳回弹了。

因此，投资者除非能根据股市规则找到股票止跌的明显迹象，否则，千万不要买入跌破 50% 这一价位的股票。

经过股市验证的规则

此前我们已经计算过超低价和超高价的各种百分比，现在最重要的，就是计算一下超低价和超高价之间 50% 这个点位的价格，也就是两个极限价格的中点价格。例如，1896 年的最低价是 28.50 点，1919 年的最高价是 119.62 点，两者的中点点位是 74.06 点；从 1896 年的最低价 28.50 点，到 1929

年的最高价 386.10 点，两者的中点点位是 207.30[①] 点。1921
年的最低价是 64.00 点，这一年的最高价是 386.00 点，两者
的中点点位是 225.00 点。1930 年的最高价是 296.25 点，与
同年最低价 64.00 点的中点点位是 180.13[②] 点；超低价 28.50
点到最高价 296.25 点的中点点位是 162.38[③] 点。1937 年的最
高价是 195.50 点，1938 年的最低价是 97.50 点，两者的中点
点位是 146.50 点。1932 年的最低价是 40.56 点，1946 年的
最高价是 213.36 点，两者的中点点点位是 126.96 点。1942
年的最低价是 92.69 点，1946 年的最高价是 213.36 点，两
者的中点点位是 153.03[④] 点。

　　在计算出这些阻力位的数据后，就可以验证这些数据对
股价最高价和最低价进行估算所起的作用。截至 1919 年，
道琼斯 30 种工业股平均指数的超高价是 119.62 点。1921 年
之后，平均指数从 64.00 点的低位开始上行，在从 64.00 点
上涨 87.5% 后抵达 120.00 点。这个点位非常重要，不仅是股
票平均指数以往的最高位，也显示了阻力位的特征。当股指
超越过这个最高位时，就可以从 64.00 点之上的百分比表中，
查出能预示股指上涨并有可能成为高价的阻力位。从百分比

---

① 原著中是 207.28，按数据计算，应为 207.30——译者注。
② 原著中是 180.12，按数据计算，应为 180.125，四舍五入应为
180.13——译者注。
③ 原著中是 162.37，按数据计算，应为 162.375，四舍五入应为
162.38——译者注。
④ 原著中是 153.02，按数据计算，应为 153.025，四舍五入应为
153.03——译者注。

表中可以看到，股指上涨 500% 时会抵达 384.00 点。1929 年
9 月 3 日，股票平均指数达到了 386.10 点的最高位。

如果再看看 28.50 点这个低点之上的百分比表，就会发
现这个点数上涨 1 250% 后是 384.75 点。接下来，按照以
往的最高价 119.62 点来计算重要的百分比，就会发现，从
119.62 点上涨 225% 后就是 388.50 点。这样一来，就显示出
384.00 点、384.75 点和 388.50 这三个阻力位。股票平均指
数曾经在 386.10 点创出超高位，但最高收盘价为 381.10 点。
3 日走势图和 9 点摆动图都表明，股市会在这些重要的阻力
位处见顶，由此可见这些阻力位是形成高位的重要因素。

在股指到达最高位以后，投资者接下来需要做的，就是
估算出重要的阻力位和买入点出现的位置。

运用股市交易规则 3 可知，股票最高价 50% 这个位
置，是投资者应该重点关注的点位。386.10 点的 50% 处是
193.05[①]点，也就是说，193.05 点会是一个重要的阻力位和
买入点。

1929 年 9 月，股市经历了有史以来最快的一次大幅下
跌，这次下跌持续至 11 月 13 日，最低点达到了 195.35 点，
正好比之前预估的 193.05 点这个阻力位和买入点高出 2.3[②]
点，这时就是投资者应该买入的点位。由于股市并没有完全
跌至 50% 的位置，说明后续还有强势下跌的趋势。接下来，
同样应用股市交易规则 3，在最低位 195.35 点上加 50%，就

① 原著中是 193.00——译者注。
② 原著中是 2.5——译者注。

能得到 293.02 点，这里可能会是股价反弹的目标点位和股票卖出点。

1930 年 4 月 16 日，股价最高位是 297.25 点，仅比预估的重要阻力位 293.02 点高出 4[①] 点多，但没能涨到这个阻力位 5 点以上。应用股市交易规则 2，只有大盘平均指数超过阻力位 5 点以上，或是低于以前的某个最低价或阻力位 5 点以上，才能表明股市走势出现了明确变化。

果然，在到达 297.25 点这个最高价之后，股价走势开始一路下行。根据 3 日走势图和 9 点摆动图，投资者接下来需要估算的，就是最低价 195.35 点和最高价 297.25 点的 50% 处，即中点点位，这个点位的估算结果是 246.30 点。如果股价跌破了这个点位，说明股价还将继续下跌。

投资者注意观察就会发现，1930 年 9 月 10 日，股市迎来了一波反弹行情，大盘平均指数达到了 247.21 点的最高位，正好就在 50% 即中点位置之上，只比 246.30 点这个重要阻力位略高一点点。

随后，在 11 月 13 日，股价已经跌破了最低价 195.35 点，大盘平均指数也跌破了 193.00 点，也就是最高价 386.10 点的 50% 点位。这表明，股市走势已经处于弱势，未来股价还会继续下跌。

之后，这轮股市行情便一直持续下跌，在此期间，大盘平均指数也有过几次正常反弹。最终，1932 年 7 月 8 日，股价达到了最低点 40.56 点。如果用之前的最高价 386.10 点减

---

① 原著中是 3——译者注。

去它的 87.5%，就会得到 48.26 点这个点位。如果观察从最低价 28.50 点上涨的百分比表就会发现，28.50 点上涨 50%时的 42.75 点是一个阻力位。如果把 1921 年的最低价 64.00点减去它的 37.5%，就会得到 40.00 点这个结果，这正好是一个支撑位。回顾一下 1897 年 4 月 8 日，当时的最高价是40.37 点，如果观察 3 日走势图就会发现，1897 年 6 月 4 日，股指已经涨过 40.37 点这一最高价。正是从这个点位开始，股市开始出现上涨走势，大盘平均指数再未跌回这一位置，一直到 1932 年 7 月 8 日，股指在 40.56 点处触底。

从 40.56 点这个最低价，就能估算出第一个阻力位——这个最低价加上 100%，就得到了 81.12 点这个点位。

1932 年 9 月 8 日，大盘平均指数反弹至 81.50 点，正好在 100%[1] 这个重要阻力位处做头。

1933 年 2 月 27 日，股指又跌至 49.68[2] 点，这是股市行情第二次下跌的最低点。从百分比表中可以看到，从 40.56点上涨 25% 就是 50.70 点，这是一个非常重要的支撑位。此时大盘平均指数在 49.68 点处筑底，恰好位于支撑位下方，比这个支撑位低了 1 点。因此，股指上升走势开始明朗，股市重新开始恢复上扬。

1933 年 7 月 18 日，股指最高价是 110.53 点。大盘平均

---

[1] 原著中是 50%，结合前面内容，此处应该是指此前提到的 100% 这个阻力位——译者注。

[2] 原著中两次提到这一天的最低点，数据不一致，原著第五章、第六章中提到的这一天的最低点为 49.50 点——译者注。

指数在这个位置做头的原因何在呢？

从此前的最低价 40.56 点上涨 175%，就是 111.54 点，这是个很重要的阻力位；而从低位 64.00 点上涨 75%，就是 112.00 点。在这个点位上，交易量大幅增加，证明这个点位是一个非常重要的阻力位，也是投资者卖出股票的一个较好卖出点。同时，时间周期表表明股市即将见顶回调，因为此时距离 1932 年 7 月出现最低价，时间正好过去了整 1 年。

同样的规则，也可以应用于 110.53 点的最高价。用这个最高价的卖出价数值减去它的 25%，就得到了 82.90 点，这是一个很好的支撑位和买入点。

这次见顶后的 3 天，股市经历了股票史上较快速的一次股价下跌。7 月 21 日，大盘平均指数跌至最低价 84.45 点，刚好略高于 82.90 点这个重要的支撑位。大盘站稳之后，一波反弹行情随之而来。如果投资者在这个时候买入了股票，那么就可以在大盘平均指数反弹到 107.00 点时卖出。

1933 年 10 月 21 日，极限最低价是 82.20 点，比 82.90 点的支撑位低了将近 1 点。截至 1949 年 6 月 30 日我书写至此处时，大盘平均指数最后一次在如此低的价位上出现。投资者还要注意，如果从 82.20 点上涨 100%，就能估算出 164.40 点，这也是个重要的阻力位。

1934 年 7 月 26 日，股指的最低价为 84.58 点，大盘已经第三次出现在这个最低点附近，这预示着一轮新的大牛市即将出现，因为股价已经稳定在从最低价 40.56 点上涨 100% 的位置上方。

随后，大牛市如期而至，股价持续上涨，突破了 1933年 7 月的最高价 110.53 点。当股指越过这个最高价后，接下来投资者就应该估算下，大盘平均指数下一步将会运行到什么价位。

众所周知，386.10 点的 50% 是 193.05 点。1929 年 11 月的最低价是 195.35 点，1931 年 2 月 24 日，大盘平均指数的最高价是 196.96 点。因此，投资者就可以合理推算，阻力位和卖出点很可能出现在 193 ～ 195 点。

1937 年 3 月 8 日①，最高价是 195.50 点，正好处在以前最高价和最低价 50% 这个中点位置，3 日走势图和 9 点摆动图也可以证实，这个位置就是最终的高位。接下来，我们希望可以计算出下一轮下跌的合理点位：运用同样的规则，用 195.50点减去它的 50%，得到的 97.75 点就是一个支撑位和买入点。

1938 年 3 月 31 日，大盘平均指数跌至最低价 97.50 点，随后，又一轮牛市开始上演。

1938 年 11 月 10 日，股指上涨至 158.75 点的最高价，这是之前上一个低点上涨 62.5% 后所处的位置。从这个点位开始，股市走势开始下行，大盘平均指数跌破了 50% 这个重要点位后，继续一路下跌，在之后的震荡行情中，大盘平均指数的最高价和最低价不断下移，出现了与之前相比更低的

---

① 原著中几处提到的 1937 年 3 月最高价的时间不一致，此处和前面一处为 3 月 8 日；在本书第七章"1912—1949 年大盘平均指数的 3 日走势图""大盘平均指数 9 点及 9 点以上走势图"数据中，最高价出现在3 月 10 日——译者注。

最高价和最低价，最终跌回 110 点以下，并跌破了 97.50 点。

1942 年 4 月 28 日，股指下跌到 92.69 点。这比 1938 年的最低价还要低将近 5 点。这时的股市形成了一个三重底，此时正是投资者买股的大好时机。3 日走势图和 9 点摆动图也证实了，这里确实是很好的买入点。在大牛市来临之前，这是一个投资者买进股票的绝佳时机。

以 92.69 点这个最低价为基数，就可以计算出一系列百分比：从这个点上涨 50% 后是 139.00 点，上涨 12.5% 后到达 104.27 点，就是第一个将要形成的重要阻力位。

1942 年 8 月 7 日的极限最低价是 104.58[①] 点，这个点正好处于 104.27 点这个重要支撑位上，通过最高价 213.33 点和最低价 104.27 点，就可以算出两者的中点点位是 158.80 点。

接下来，还要计算出大盘平均指数在反弹时会遇到的重要阻力位——从 92.69 点到 195.50 点的 50% 处，即中点点位是 144.09 点；1937 年的最高价 195.50 点与 1938 年的最低价 97.50 点的中点点位为 146.50 点。

1943 年 7 月 15 日，股指上涨至 146.50 点，它正好处于会让指数见顶回落的重要阻力位上。7 月，由于时间周期已经进入尾声阶段，因此股市即将出现一个高位，见顶后会有新一轮的股市回调，这种情形与 1933 年 7 月的情况如出一辙。大盘平均指数回落，但不会下行太远，并没有跌到足以表明股市趋势反转下行的程度，因此股市的总体走势仍

---

① 原著第六章中，这一天的最低价是 104.40 点——译者注。

然是上行的。请注意，前一个低位 92.69 点上涨 37.5% 即是
127.44 点，股指还从未跌破过这一点位。1943 年 11 月 30 日，
股指跌至 128.94 点的最低价。随后大盘平均指数开始上涨并
向上突破了 146.50 点，这个点位是之前的最高位和重要阻
力位，这就预示着，股指将要到达的下一个高位，很可能就
是 1938 年 11 月 10 日创下的 158.75 点高位。如果大盘平均
指数顺利越过了这一点位，那么下一个重要的点位就是上涨
50% 时到达的 193.00 ～ 195.00 点。

　　1945 年 8 月，第二次世界大战结束，7 月 27 日，股市
大盘平均指数创下 159.95 点的新低。由于股指已经超越了以
往的最高位，这就表明股价即将大涨。果然，股市持续上扬，
平均指数最终突破了 195.50 点，这预示着股价还将继续走高。

　　这时的第一个重要的百分比阻力位是 207.50 点，即最
低价 28.50 点和最高价 386.10 点的 50% 处。1946 年 2 月 4
日，大盘平均指数果然于 207.50 点处见顶。随后股市回调，
2 月 26 日平均指数下跌到 184.04 点，之后又上涨突破了
208.00 点。

　　下一个是最重要的阻力位，是极限最高价 386.00 点至
极限最低价 40.56 点 50% 处，即中点点位 213.33 点。1946
年 5 月 29 日，平均指数上涨到了 213.36 点的最高位，它正
好在这个重要的 50% 点位上。此外，投资者还需要注意，从
40.56 点上涨 425% 是 212.94 点，这就意味着，213.33 点这
个阻力位的重要性加倍。

　　从最高位 213.36 点减去它的 25%，就可以得到 160.03

点这个点位，这也将是股市下行时的第一个支撑位和投资者的买入点。

1946 年 10 月 30 日，股指跌至极限最低价 160.49 点；1947 年 5 月 19 日，股指又跌至极限最低价 161.32 点；1949 年 6 月 14 日，股指再一次跌至极限最低价 160.62 点。从以上数据可以看出，股市曾经三次在 160.03 点这个重要的支撑位附近筑底，且股价均高于曾经的低位 159.95 点。159.95 点最后一次出现于 1945 年 7 月 27 日，从那以后，股指就再没有在 160.00 点之下运行过。

由于得到这三个强势支撑位的支持，1948 年 2 月 11 日，平均指数的最低位比以往有了提高。1948 年 6 月 14 日，最低位上升至 194.94 点，又一次回到以前 50% 的卖出位，之所以有这个结论，是因为过去这个位置作为最高位和最低位曾经出现过很多次，3 日走势图和 9 点摆动图也可以证实，这就是一个卖出点位置。

☞ 道琼斯 30 种工业股平均指数的当前位置

平均指数已经是第三次在 213.36 点下跌 25% 的点位获得支撑了。上一次的最低位出现在 1945 年 7 月 27 日，那时平均指数在 159.95 点处触底。如果跌破这些点位并在其下方位置收盘，那么平均指数就很有可能会跌到 152.00 点，也就是从之前最低位 40.56 点上涨 275% 的点位，下一个支撑位就会是 146.50 点，这是之前的最高位以及重要的 50% 中点点位。

1942 年的最低位是 92.69 点，1946 年的最高位是 213.36 点，两者的 50% 即中点点位是 153.02 点。

1949 年 7 月 19 日，当我写到这里的时候，平均指数已经涨过 175 点，并直指 177.5 点。这个位置将是一个阻力位，因为这是 160.49 点到 194.49 点的中点点位。因此，从大约 177.5 点开始，平均指数将会有一轮回调，但是幅度不大。如果平均指数能够突破 182.5 点，也就是 1949 年 1 月 7 日的最高位，就预示着股市还会大幅上扬。

如果平均指数抵达了重要的阻力位，或上涨到之前的最高位，或下跌到之前的最低位，投资者就应该运用我在本书中提过的所有股市规则，对自己买卖的个股位置情况进行研究。

让股市数据说话

投资者在开始研究股票市场时，既不要先入为主、抱有成见，也不要因为心怀幻想或恐惧而买卖股票。要认真研究三个重要的因素：时间、价格和成交量。仔细研究我总结出的股市规则，并在实践中灵活运用。如果规则表明股市趋势正在发生变化，投资者就要做好准备，随机应变。要让股市的活动数据自己说话，依据股市规则得出明确的结论，再基于这些确定的结论进行股票交易。只有这样，投资者才可能获利。

第五章

短期价格调整的时间周期

每当股市大盘指数出现暴涨或暴跌时，常有人抱怨股市该进行调整了。如果这种情况出现在上升行情中，说明股价已经偏离市值，股市处于超买状态，空头仓位已经回补，且股市的技术面已经处于弱势，因此，进行新一轮的价格调整已经势在必行。这种调整可能会历时很短，但会让股价急剧下跌。快速下跌的股价会让股民人心惶惶、失去信心，误以为股市将会跌得更低。而事实上，经过短暂调整后，此时的股市技术面已经由弱转强。

反之亦然，同样的情形也会在股市持续下跌了一段时间后出现。由于股市中炒短线的投资者增多，原本长线持有的股票已经全部结清，技术面在此时的股市中处于弱势地位。结果，股市在很短的时间内由于空头回补而急速反弹。这种情况导致买方信心过度膨胀，在反弹后的最高位买入，并以为这轮涨势仍将继续走高。但实际上，此时的股市技术位非常薄弱，这次短暂上涨只是受卖空行为影响，主要趋势仍是下行，并未根本改变。

为避免对股市走势判断失误或是在投资时犯错，投资者务必牢记以下股市规则。千万谨记：如果你已经出现失误，或者发现自己的判断错误，弥补的方法就是立即离场。当然，最好还是在进行交易时设置一个止损单，以此保护自己的资金免受损失。

在股市上涨时，要时刻铭记之前下跌时曾出现过的最长时间周期，或者最长的回调周期；在股市下跌时，则要牢记熊市中曾出现过的最长的反弹时间周期。这些重要的时间周期可以帮助你研判股市的趋势。正因如此，我才会在这里回顾那些股市走势变化，并且特意指出曾经导致在短期内出现快速回调或反弹，以及使股市走势终止的时间周期。

我前面概括过的那些主要趋势仍在继续。我在这里提及的所有价格，都是指道琼斯30种工业股平均指数。

1914年7月28日，第一次世界大战爆发，大量股票被抛售，纽约证券交易所一度停盘闭市，直到1914年12月12日才重新开盘恢复交易。由于当时投资者大量套现平仓，大盘价格指数一度跌至多年以来的最低点。

1914年12月24日，股指跌至53.17点的最低点。从这个点开始，股市持续走高。由于当时处于战争时期，不少上市公司接到大量订单，积累了巨额利润。1918年11月11日，第一次世界大战结束，这轮牛市又持续了大约一年时间。

1919年11月3日，道琼斯30种工业股平均指数创下了新的最高位119.62点。这是当时的历史最高位，股市从53.17点开始一路上涨，一共涨了66.45点。正因如此，当股市在1919年11月3日出现急速下跌的行情时，尤其是在股市近5年来连续上涨的情况下，投资者就应该明白，这其实是一个信号，表明股市已经到达了顶部，之后的大盘走势将会反转向下。

随后，股市便一直持续下跌。在此期间，偶尔也会出现几次小幅反弹，但都属于股市的正常波动。这轮下跌行情持续了将近 22 个月，直到 1921 年 8 月 24 日，股指跌至最低位 63.90 点。从 1921 年的这个最低位开始，股市的主要走势开始调头上行，紧接着又连续上涨了 19 个月，直到 1923 年 3 月 20 日，股指涨到了最高位 105.50 点。然后，从这个最高位开始，股市又开始了一轮下跌行情，1923 年 10 月 27 日，股指跌到了最低位 85.50 点，这意味着从 3 月到 10 月这 7 个月的时间里，股指一共下跌了 20 点。

这是一种正常的、自然的下跌，在 9 点摆动图上，股市通常以 20 点、30 点、40 点为基数进行下跌或上涨。但在正常股市中，20 点是股市中的一个平均波动幅度，因此这个点位值得特别关注。仔细研究所有的股市走势图，尤其要在 3 日走势图上观察这个点位出现的股市趋势变化信号。需要留心第一次急剧下跌的行情，这通常表明股市仅仅是进行了一次回调，总体上升趋势不会改变。

1924 年 2 月 6 日，股指达到了最高位 101.50 点，比之前的最低位上涨了 16 点，但未能超过 1923 年 3 月 20 日的最高位，因此，这将是一个信号，预示着股市还会继续上涨。

5 月 14 日，股指下跌至最低位 88.75 点，比 1923 年 10 月 27 日出现的最低位 85.50 点高出 3 点以上，这说明股指获得了更好的支撑，股价有望进一步上涨。这轮下跌行情共持续了69天，参照股市规则8"时间周期"可知，通常股市的波动周期为60～72天。

1925年3月6日，股指到达了最高位123.50点。这一价格比1919年的最高位超出了近4点。根据本书总结的规则，股指必须超过上一个最高位5点或者5点以上，达到新的最高位，才能算是股市会继续上涨的确切信号。虽然没有达到5点，但这仍然是股价将继续走高的第一个迹象。随后，股市从上一个最低位85.50点开始上涨。在此过程中，小幅下跌的行情必定会出现，这种走势属于正常的股市回调。

1925年3月30日，股指的最低位为115.00点，下跌了8.50点，下跌幅度并没达到10点，说明这次下跌只是一次正常的股市回调，走势仍然会持续上扬。此外，尽管大盘平均指数下跌，但仍然保持在1919年的最高位119.62点以下5点之内，这也是一个很好的迹象，表明股市还将持续走高。这轮只持续了24天的下跌行情，只不过是牛市中的一个小回调罢了。

1926年2月11日，股指达到了最高位162.50点，与上次的最低位115.00点相比，上涨了47.50点。这轮涨势行情的时间周期长达355天，股市也到了需要回调的时候。

1926年3月30日，股指的最低位是135.25[①]点，历时

───────────

① 原著第六章中，这一天的最低点是135.50点——译者注。

17 天，下跌了 27.25[①] 点。这轮下跌速度很快，每天的下跌水平都远远超过了 1 点，这也说明这轮下跌只是牛市中的一次合理回调，股市的总体趋势仍会继续上升。

1927 年 10 月 3 日，股指最高位上升到 199.78 点，在 186 天之内，股指上涨了 60.25 点。大盘平均指数刚好位于 200 点下方，而根据股市规则 3 可知，在 100 点、200 点、300 点以及其他所有的整数关卡位置，总存在投资者大量抛压的情况。这也预示着，股市很有可能即将出现一次调整性下跌。果然，不久后这轮下调行情就出现了。

1927 年 10 月 22 日，股指最低位为 179.78 点，在 19[②] 天内下跌了 20 点。因为这只是一次短暂性的股市回调，所以随后就出现了新一轮的上涨行情。股指很快就突破了 200 点这一关卡，这种迹象表明，股指很快会再创新高，因为股市已经进入了一个新的高价区。

1928 年 11 月 28 日，股指最高位涨到了 299.35 点，在 403 天内，指数连续上涨了 119.50 点。这次的大盘平均指数刚好位于 300 点这一关口下方位置，这是一个投资者出货的好卖出点，也是一个抛压沉重的阻力位。特别是考虑到股市从上一个最低位开始上涨后，大盘趋势已经持续走高一年有余，因而，股市的调整势在必行。

---

① 原著中是 37.25。在这段回调期内，股价一直低于原来的最高价 162.50 点，如果下跌 37.25 点后达到 135.25 点，那最高价就应该是 172.50 点，这显然是错的——译者注。
② 原著中为 119 天——译者注。

1928 年 12 月 10 日，股指跌至最低位 254.50 点，在 12 天内，指数连续下跌了 44 点。自 1921 年 8 月大牛市开始以来，在所有的股市调整中，这是跌速最快、跌幅最大的一次。事实上，在这一轮急速的大幅回调之后，股价并没有下跌，反而构筑了更高的底部，这表明股市调整已经结束，股指将会继续走高。

1929 年 3 月 1 日，股指最高位涨至 324.50 点，在 81 天内上涨了 70 点。这个股价接近 325.00 点，是一个投资者抛压沉重的整数关卡阻力位，于是，股市的新一轮调整性下跌又开始了。

1929 年 3 月 26 日，股指跌至最低点 281.00 点，在 25 天内下跌了 43.5 点。投资者留心观察就会发现，这次的股市回调，与之前 1928 年 11 月 28 日～12 月 10 日期间出现的下跌行情几乎完全一致——股市以同样的幅度下跌，在同样的点位上获得支撑，随后又很快恢复了上涨趋势。

1929 年 5 月 6 日，股指上涨至最高位 331.00 点，于 41 天内持续上涨了 50 点，这时的股市又创了新高，这一迹象表明，经过一轮调整后，股市还会走得更高。

5 月 31 日，股指在 25 天内连续下跌了 41 点后，跌到了最低位 291.00 点。这轮下跌行情与之前下跌行情的时间周期相同，但这次股指构筑的底部比上一个最低位高出了 10 点，这说明股指获得了强势支撑且主要趋势为上行，因此股市将继续上扬。

1929 年 9 月 3 日，股指在 95 天内上涨了 95 点，达到了最高位 386.10 点。按照之前总结的股市规则，在快速上涨的股市行情中，股指每天上涨的速度大约是 1 点。事实证明，这是这轮大牛市中的最后一个最高位。

在这轮大牛市中，来自世界各地的无数投资者以前所未有的热情大量购入股票，造就了股市有史以来的最大成交量，推动了股价上涨。事实上，这种超买现象造成的高股价与其真实市值严重不符，已经发生了非常大幅的偏离。1921 年 8 月到 1929 年 9 月，股市一路上涨，从 64.00 点上涨到了 386.10 点，这轮上涨走势的时间周期超过了 8 年。这时候，投资者就需要留心观察上升行情结束的信号了。

果不其然，牛市结束的信号突然出现了，非常出人意料。

此时，仔细研究 3 日走势图，就能从中发现股市首次发出信号的点位。当时的投资者持有大量股票，几乎所有的空盘也都已回补。因此，当大家都开始抛售减仓时，股市中根本没有买家，大面积的崩盘不可避免，一轮下跌行情也就势在必行了。

1929 年 11 月 13 日，股指经过 71 天下跌了 190.6 点，跌至最低位 195.50 点，创下了历史上最短时间内的最大跌幅。

由于之前超买使股价严重偏离市值，这次大幅下跌是短期内对股市进行的调整。在第一次急速下跌之后，股市也总会出现正常的反弹，这种反弹被称为次级反弹（Secondary Rally）。当长期上涨的股市发生急剧下跌之后，很容易发生次级反弹。在熊市中，股市在疾速下跌之后往往会迅猛反弹，随后又会出现次级下跌。这时，股市会形成一个最低点，随后主要趋势就会反转向上。

1929 年 12 月 9 日，股指涨到了 267.00 点的最高点，在 27 天内上涨了 71.5 点。这是由卖空回补导致的大幅上涨，是超卖状态下的一轮骤然反弹，随后必然会出现快速回档，这属于股市的正常调整。

1929 年 12 月 20 日，股指跌至最低位 227.00 点，在 11 天内下跌了 40 点。这次下跌的速度太快，所以必定会出现反弹。

1930 年 4 月 16 日，股指涨到最高位 297.50 点，在 154 天的时间内，从上一年 11 月 13 日的最低点开始，一共上涨了 102 点。这是大熊市中的次级反弹，一般总是会在这种大规模的涨势之后出现。

投资者要留心第一轮行情骤然下跌时发出的信号，这预示着反弹已经结束，投资者可以进行卖空交易了。通过观察 3 日走势图，可以发现上涨行情结束时信号的发出方式。股价一路下跌，直到 1930 年 10 月 22 日，跌至最低点 181.50 点，在 188 天内一共下跌了 116.25 点，这期间也出现过小幅反弹。由于股价跌破了 1929 年 11 月 13 日的最低点，这是熊市仍将继续的信号。而当投资者抛售太多股票导致超卖状况出现时，就会发生急速反弹，恰如此轮行情所示。

1930 年 10 月 28 日，股指在 6[①] 天内上涨了 17 点，涨到最高点 198.50 点。本书总结的股市规则中有一条指出，正常

---

① 原著中为 16 天——译者注。

的反弹幅度一般会在 20 点左右。这一轮涨势未能在 6 天内达到 20 点，这预示着股市未能获得强势支撑，仍处于弱势地位，将继续下跌。事实也的确如此。

1930 年 11 月 10 日，股指跌至最低点 168.50 点，在 13 天内连续下跌了 30 点。这轮下跌非常迅速，主要是因为随着股价下跌，投资者纷纷大量套现。不过，股市在经历骤跌后都必定会在短期内出现快速反弹。

1930 年 11 月 25 日，股指涨到了最高点 191.50 点，在 15 天内上涨了 33 点。这次反弹的速度极快，股价飞速上涨，但没能达到 1929 年 11 月 13 日的最低位 195.50 点。这种迹象表明，股市仍处于疲软状态，还会持续下跌。此外，股指没能超过 1930 年 10 月 28 日的最高位 198.50 点，这种迹象也是一个佐证，说明股市的主要趋势仍然是下跌的，这轮上涨只是熊市中的一次短暂反弹而已。

长期下跌后的套现和熊市中的大幅反弹

1930 年 12 月 2 日，股指上涨至 187.50 点这个高位。虽然没能达到之前的最高点，但从这个较低的高位开始，股市一路下跌，拉开了新一轮熊市行情的序幕。投资者持仓翘首以盼的牛市并没能如期而至，因而在最后的套现平仓浪潮中，股市的下跌行情变得格外惨烈。

12 月 17 日，股指跌至最低点 154.50 点，在 15 天内连续下跌了 33 点。这轮下跌几乎是以每天 2 点的速度在急速下滑，远远快于正常的下跌。这时的股指已经接近之前的支撑位，并且高于 150 点，按照惯例，这个点位附近会形成一个支撑点，随后即将出现一波反弹行情。

　　1931 年 2 月 24 日，股指上涨到最高位 196.75 点。需要注意的是，这个点位正好接近 1929 年 11 月 13 日的最低位，并且位于 1930 年 10 月 28 日的最高点下方。根据之前总结的股市规则，最低位会变成最高位、最高位会变成最低位、之前的最高点和最低点位置会出现股票交易点，由此可以判定，这次的最高点将形成阻力位和卖出点。

　　这轮反弹从 1930 年 12 月 17 日开始算起，到 1931 年 2 月 24 日见顶，共历时 69 天。上一次股市行情回调，从 1929 年 9 月 3 日开始到 11 月 13 日触底，时间跨度为 71 天。这两次股市行情调整的时间跨度相互对比印证，再次验证了股市规则 8 的内容，也证实了股市调整的时间周期一般应该是 67 ～ 72 天。

　　1931 年 2 月 24 日的这个最高点，与 1930 年 12 月 17 日的最低点相比，上涨了 42.25[①] 点。熊市中的这轮快速反弹行情很快就消失了。通过 3 日走势图，投资者可以观察到指数不断走低的信号——自 1929 年以来，股市震荡时的最高点和最低点一直下移，导致指数不断下跌。同时，顶和底也越来越低，每个顶都要比上一个顶低一些，底部则走势更低。因此，股市的主要趋势仍然是一路向下的。

　　1931 年 6 月 2 日，股指跌到了最低点 119.60 点，这也

---

① 原著中为 42.5——译者注。

是 1919 年曾出现过的最高点。根据股市规则可知，当曾经的最低点变成如今的最高点、曾经的最高点变成如今的最低点时，肯定会出现一轮反弹行情。此时的股指，经过 98 天，已经从 1931 年 2 月 24 日的最高点下跌了 77.25 点。因此可以预测，在这个点位上必将出现一轮反弹行情。

1931 年 6 月 27 日，股指上涨至最高点 157.50 点，在 25 天内上涨了 37.90 点。这个点位比 1930 年 12 月 17 日的最低点略高，但也仅仅高出 3 点，而股市规则中所说的是 5 点。因此，这里会是一个卖出点，特别是这次上涨的时间如此短暂，投资者更应该抓住机会进行卖空交易。

1931 年 10 月 5 日，股指跌到最低点 85.50 点，在 100 天内下跌了 72 点，几乎与上一次下跌行情持续的时间周期持平。

1931 年 11 月 9 日，股指上涨到最高点 119.50 点。这个价位恰好回到了 1931 年 6 月 2 日出现的最低点，同时是 1919 年出现过的最高点，因此这里形成了一个卖出点。这次反弹持续的时间周期是 35 天，一共上涨了 34 点。根据规则 12 可知，在快速反弹的行情中，每天大约会上涨 1 点。所以，投资者应该趁这次反弹行情，再次进行卖空交易。观察 3 日走势图，就会发现股市趋势再次转向下行的信号。

1932 年 2 月 10 日，股指跌到最低位 70.00 点。这轮快速下跌行情历经 92 天，指数下跌了 49.5 点。

1932 年 2 月 19 日，股指上涨到最高点 89.50 点，在 9 天时间内上涨了 19.5 点。这个最高点比 1931 年 10 月 5 日的最低点高出了 4 点，因此，89.50 点这个点位成了一个卖出点。股市上涨的速度开始放缓，并在这个点位附近遭遇了阻力。通过查看 3 日走势图，可以发现此时的股市已经见顶，新一轮的下跌行情即将开始。

熊市中的最后套现平仓

1932 年 3 月 9 日，股指上涨到最高位 89.50 点，与 2 月 19 日的最高位持平。此时距离上一个最高位出现已经过去了 18 天。股市再次在 2 月 19 日最高点的相同位置遇到了阻力，预示着股价还会进一步走低，除非大盘平均指数能报收在这一点位上方。遗憾的是，股市并没能突破这个点数。

1932 年 7 月 8 日，股指一路下跌至最低点 40.56 点，在 121 天内连续下跌了 49 点。在 1932 年 3 月 9 日至 7 月 8 日期间，最大的两次反弹幅度也只有 7.5 点和 8 点，两次涨幅都没有超过 10 点。根据股市规则可知，这只是小规模的正常反弹罢了。这种反弹持续的时间，都不会超过 1 天、3 天、4 天或者 7 天[①]。最后一次持续了 7 天的反弹，始于 6 月 9 日的最低点 44.50 点，到 6 月 16 日时已上涨至最高点 51.50 点，这 7 天的涨幅仅为 7 点。

从 7 月 8 日的最低点开始，第一次出现了持续 8 天的反弹，而且股指上涨了 5 点。随后就是历时 3 天的股市调整，而大盘平均指数只下跌了 2 点。此后一直到 1932 年 9 月 8 日，

① 原著中，是不会超过 1 天、3 天、4 天、4 天或者 7 天——译者注。

是一轮迅速上涨的行情。这轮涨势行情历时 62 天，上涨了 41 点，9 月 8 日涨至最高点 81.50 点。当然，在此期间，股市也出现过几次只有 3 ~ 5 天的调整。在这轮上升行情中，平均指数的涨幅达到了 100%。根据股市规则 8 可知，这种次级下跌或次级反弹的时间周期，通常会持续 60 ~ 67 天。

从 1930 年 4 月 16 日最后一个最高点开始，股市出现了一系列反弹。其中时间最长的一次反弹持续了 69 天，其余的大多数反弹都只持续了 25 天、35 天或 45 天，这些都是熊市中持续时间较长的反弹。

1929 年 11 月 13 日至 1930 年 4 月 16 日，历经 154 天，股指上涨了 101.25 点。

1932 年 9 月 8 日，股指上涨到 81.50 点的最高位，随之而来的就是一轮急速下跌。到 10 月 10 日时，股指已经跌至最低点 57.50 点，在 32 天内下跌了 24 点。这是股市的一种调整性下挫，此后通常会迎来一轮反弹行情。

🖰 最高点后的次级下跌

1933 年 2 月 27 日股指跌到了最低位 49.50 点，下跌了 32 点，时间跨度为 172 天。这轮下跌行情的时间周期，与 1930 年 4 月 16 日达到 154 天的次级下跌的时间周期相近。

这轮次级下跌之后，罗斯福（Roosevelt）[①] 总统首次宣誓

――――――――――

① 罗斯福（1882—1945），于 1933—1945 年任美国总统，是美国历史上唯一蝉联四届的总统——译者注。

就职，当天所有银行关门歇业。等到银行重新开业后，股指开始全线上涨。随后，罗斯福总统取消了导致通货膨胀的金本位制，股票成交量大增，股价也随之持续上扬。股市显示出上升的大趋势，牛市的序幕即将开启。

在经历了次级下跌之后，股市技术层面得到调整，与股市第一次反转向上时从最低位开始上涨相比，在接下来的上升行情中，股市上涨速度通常会更快，上涨幅度也会更大。

1933 年 7 月 18 日，股指上涨至最高位 110.50 点。从 2 月 27 日的最低点开始，历时 144 天，指数上涨了 61 点。在这轮上涨行情中，交易量大增，股民疯狂购股，股市出现了超买现象。就在此时，E.A. 克劳福德博士突然宣布破产。此人曾是粮食、商品领域的较大投机商之一，同时以长线炒股而闻名。E.A. 克劳福德博士破产后，商品期货市场的投资者开始大规模抛售股票套现平仓，导致了 1929 年以来股市在 3 天内最猛烈的下跌。然而，这轮急速下跌只不过是股市在短期内进行的一次调整。

7 月 21 日，股指下跌至最低点 84.45 点，在 3 天内连续下跌了 26.02 点。尽管如此，这时的指数仍然维持在 1932 年 9 月 8 日的最高点上方，表明股市还有良好的支撑能力。经历了如此大规模套现平仓引发的急速下跌之后，股市必定会进行一轮反弹，这为投资者提供了一个很好的买入点。

次级反弹

　　股市到达最高位后，就会发生第一次急剧下跌，之后会出现二次反弹，也称为次级反弹。这轮次级反弹会把股价再次推到较高的点位，甚至可能会出现极限最高位。如果这次反弹达到的点位显著低于上次的最高位，这往往是股市走势疲软的迹象。

　　1933 年 9 月 18 日，股指上涨至最高点 107.68 点，在 62 天内上涨了 23.23 点。这个股价比 7 月 18 日的最高位低了 3 点，根据 3 日走势图可以知道，股市很快就会出现逆转，大盘趋势会再次转向下行。

　　1933 年 10 月 9 日，股指上涨至最高位 100.50 点；10 月 21 日，股指又跌至最低点 82.20 点，在 12 天内指数累计下跌 18.3[①] 点。这轮急速下跌行情时间极短，而且跌幅没有超过 20 点，这种迹象表明股市的支撑良好。这也是 1933 年至 1949 年期间，大盘平均指数达到的最低位。事实上，这轮下跌行情标志着另一个牛市的开始，因为从 1933 年 7 月 18 日的最高点，到 10 月 21 日的最低点，时间跨度为 95 天。根据股市规则 8 可知，一轮上涨或下跌行情通常会持续 90 ～ 98 天。

---

① 原著中为 18.25——译者注。

调整性骤跌

1934 年 4 月 20 日，股指涨到了最高位 107.50 点，但这个点数要低于 1933 年和 1934 年的最高位。

1934 年 5 月 14 日，股指跌至最低点 89.50 点，在 24 天时间里下跌了 18 点。实际上，股市这次的跌幅与 1933 年 10 月 21 日的跌幅不相上下，下跌都没有超出 20 点，这一迹象表明，股指获得了有效支撑，并将开始走高。

最终的最低位

1934 年 7 月 11 日，股指上涨至最高点 99.50 点。

1934 年 7 月 26 日，股指又下跌到最低位 84.50 点，在 15 天内下跌了 15 点。根据股市规则 12 可知，在一轮骤然下跌的行情中，每天的跌幅通常大约是 1 点。此时的股价低于每股 100 美元，因此可以判定这是一轮出现在股市中的正常下跌行情。

这轮下跌行情从 1933 年 7 月 18 日的最高点开始，截至此时，股市已经持续下跌一年有余，股市趋势也到了应该发生变化的时候。通过研究 3 日走势图，就会发现股市已经触底的信号。此时的股指已经突破了 3 日走势图上的最高位，预示着趋势已经开始反转上行。事实上，上一个重要的最高位是于 7 月 11 日出现的 99.50 点，而突破了 100 点往往就是股市走势上升的信号。

1934 年 7 月 26 日，股市的另一轮大牛市开始了。事实上，此时的股市指数比 1933 年 10 月 21 日出现的最低点高出了 2 点，这也说明，这轮牛市是 1932 年开始的那轮牛市的延续。

1935 年 2 月 18 日，股指涨到了 108.50 点的高点，恰好只比 1934 年 4 月 20 日出现的最高位高出了 1 点，这表明，这个点位是一个阻力位，也是投资者的一个卖出点。

1935 年 3 月 18 日，股指的最低点跌至 96.00 点，在 28 天内下跌了 12.5 点。这轮下跌的跌幅超过了 10 点，这属于正常的股市震荡调整，表明股市具有良好的支撑，后续走势还将继续上扬。

1936 年 4 月 6 日，股指上涨到最高位 163.25 点。自 1935 年 3 月 18 日的最低点开始，股指上涨时间已经一年有余，股市到了该回调的时候。

1936 年 4 月 30 日[①]，股指跌至最低点 141.50 点，在 24[②] 天内下跌了 21.75 点。这说明股市再次获得了良好支撑，而且在 3 日走势图上，股市显示出上升趋势。这轮下跌的跌幅仅有 21.75 点，仅略超 20 点，事实上，这只是牛市中的一轮正常回调。

1936 年 8 月 10 日，股指上涨至最高位 170.50 点。由于

---

① 原著第六章中，这一最低点出现的时间是 1936 年 4 月 24 日——译者注。
② 原著第六章中，这个时间周期是 18 天——译者注。

股指上涨过高需要进行调整，因此接下来的一轮调整性下跌势在必行。

8月21日，股指跌至最低点160.50点，在11天内下跌了10点。这轮下跌属于正常的调整，由于股市仍然保持上涨的主要趋势，投资者应该趁机买进股票。

牛市中的最后一个高点

1937年3月10日，股指涨到了195.50点的最高位。这个点数正好与1929年11月的最低点持平，而且刚好低于之前的最高位。股市不久后将出现最后一个最高点，195.50点这个高位就自然形成了一个阻力位和卖出点。

这一轮牛市自1932年7月8日开始，到1937年3月10日时已经持续了56个月，股指在这段时间里一共上涨了155点。这轮牛市的最后一个阶段，自1934年7月26日一直延续到1937年3月10日，历时31个月零12天，股指上涨了110点。

自3月10日起，股市开始一路下跌。根据3日走势图以及股市规则可知，此时的股市显然已经抵达了最后的高位，主要趋势已转向下行。不过，众所周知，股市在最后一次见顶后，必然还会出现一轮次级反弹。

熊市中的次级反弹

1937 年 6 月 14 日，股指跌至最低位 163.75 点，一共下跌了 32.75 点。这次下跌从 3 月 10 日开始，为期 96 天。根据股市规则 8 可知，这次的时间周期在正常范围内，所以，次级反弹的出现时机已经到来。

1937 年 8 月 14 日，股指涨到了最高点 190.50 点，在 61 天内上涨了 26.75 点。60 天左右通常是一个重要的时间周期，例如，1932 年 7 月 8 日牛市结束后次级反弹的时间周期就是 60 天左右。同时，由于这个点数比 3 月 10 日的最高点低了 5 点，这一迹象表明，此时的股市仍处于疲软状态，股市的主要趋势还会持续下行。

1937 年 10 月 19 日，股指跌至最低点 115.50 点。这一点数比 3 月 10 日的最高位下跌了 80 点，比 8 月 14 日的最高位下跌了 75 点，甚至比 1919 年的最低位还要低，但点数还没有低过 5 点。这时的股市由于投资者抛售股票处于超卖状态，因此新一轮快速反弹即将来临。

10 月 29 日，股指涨到了最高位 141.50 点，在 10 天内上涨了 26 点。这轮上涨趋势很快就结束了，根据 3 日走势图，股市走势仍将继续向下。

☝ 熊市中的最后套现平仓

投资者一定要特别留心股市中的最后一轮下跌或上涨行情，因为这往往是一轮股市震荡结束的征兆，预示着股市中多空博弈的最终结局。

1938 年 3 月 15 日，股指涨至最高位 127.50 点。

1938 年 3 月 31 日，股指跌至最低位 97.50 点，在 16 天内下跌了 30 点。这轮下跌行情平均每天下跌将近 2 点，跌速过快。这场下跌自 1937 年 3 月 10 日开始，已经持续了一年有余。如果按最高位计算，股指下跌幅度已经高达 50%。这种幅度的百分比对于研判股市大盘趋势的逆转变化而言，不论在何时都非常重要。

1938 年 7 月 25 日，股指涨到了最高位 146.50 点。这轮上涨从 5 月 27 日开始，为期 60[①] 天，上涨幅度达到了 40 点，因此，股市新一轮下跌回调即将出现。

1938 年 9 月 28 日，股指跌至最低位 127.50 点，在 19 天内下跌了 19 点。这是一次正常的股市调整。根据之前总结的股市规则，在一个正常的股市中，这种下跌行情或上涨行情的波动幅度通常在 20 点左右。对于投资者来说，这是一次买入的好时机，可以为牛市的进一步上扬提前做好准备。

---

① 原著中为 65 天，作者计算有误——译者注。

短暂的牛市结束

1938 年 11 月 10 日，股指涨至最高位 158.75 点。这轮上涨行情从 3 月 31 日开始，时间周期为 224 天，上涨幅度达到了 61.25 点。这预示着股市走势将会急转直下，一轮急速下跌的行情马上就要开始了。

11 月 28 日，股指跌至最低点 136.00[①] 点，下跌了 22.75 点，为期 18 天。这轮下跌幅度超过了 20 点，表明牛市已经结束，股市持续下跌的行情将随之而来。

骤跌和调整

1939 年 3 月 27 日，股指涨到了最高位 143.50 点。

1939 年 4 月 11 日，股指跌到最低位 120.00 点，在 15 天内下跌了 23.5 点。当时投资者疯狂买入导致了股市的超买现象，这轮下跌行情是对超买现象的一次清理调整，为之后的更高反弹奠定了基础。

从 1938 年 11 月 10 日到 1939 年 4 月 11 日，股指在 152 天内下跌了 38.75 点，这时的大盘平均指数正好位于卖出位，这轮下跌行情属于股市大盘的一次正常调整。

----

① 原著中，1938 年 11 月 28 日的最低位有三种不同数据，后面章节中一处为 145.50 点，两处为 145.21 点——译者注。

⟳ 第二次世界大战中的股市行情

1939 年 9 月 1 日，股指跌至最低位 127.50 点。就在这一天，希特勒（Hitler）入侵波兰，第二次世界大战爆发。投资者四处购买股票，空头也开始回补。投资者相信，曾在 1914 年至 1918 年第一次世界大战期间出现的牛市，这次一定还会重新出现。

9 月 13 日，股指涨到了最高位 157.75 点，在 12 日内一共上涨了 30 点。这一轮上涨行情速度太快，且指数未能突破 1938 年 11 月 10 日的最高位 158.75 点，这一迹象表明，投资者在以前的最高点附近大量抛售股票。在这个高点遭遇沉重抛压后的一段时间内，股市交易一直不够活跃。这一迹象表明，股市已经到达了最终的顶部，接下来主要趋势将会转向下行。

1940 年 5 月 8 日，股指上涨到最高位 149.00 点。从这个点位开始，一轮急速而猛烈的下跌行情出现了。5 月 21 日，股指跌到了最低点 110.50 点，在 13 天内累计下跌了 38.50 点。大盘平均指数分别于 5 月 21 日、5 月 28 日和 6 月 10 日触底，平均指数在这三个最低位形成了一个三重底。这一迹象表明，股市已经获得了良好支撑。而这次的骤跌行情，只不过是由希特勒成功入侵法国引发的一轮股市震荡罢了。

随后出现了一轮反弹，这轮上涨行情一直持续到 1940

年 11 月 8 日，此时距离 1938 年最高点出现的时间，正好是两年。

1940 年 11 月 8 日，股指上涨至最高位 138.50 点。这次反弹行情之后，股市的顶部和底部越来越低，且一直下移，直到最后的底部出现。

最后的低点——熊市结束

1942 年 4 月 28 日，股指跌至最低位 92.69 点。这轮下跌行情自 1938 年 3 月 31 日开始，为期 49 个月。1938 年 3 月 31 日的最低点是 97.50 点，1935 年 3 月 18 日的最低点是 96.00 点。这时的大盘平均指数没能跌至之前最低位 5 点以上，所以对投资者而言，这里就形成了一个很好的买入点。投资者很快就能通过 3 日走势图证实这一点。

从 1942 年 4 月 28 日的最低点开始，股市调整的幅度变小、时间缩短了，这都是股市趋势将会上升的信号。事实上，在 1943 年之前，股市确实是一直都没有出现调整幅度在 10 点以上的行情。

1943 年 7 月 15 日，股指涨到最高位 146.50 点，这个点数位于以前的抛售区域，并且居于以前的一系列最低位之下。因此，一轮调整性的下跌行情必然会在之后出现。

8 月 2 日，股指跌至最低点 133.50 点，在 18 天内下跌了 13 点。这一轮下跌行情是股市的一次正常调整。在上一轮行情中，股指从最低位 92.69 点上涨到最高位 146.50 点，总共上涨了 53.81 点。

　　1943 年 11 月 30 日，股指跌至最低点 128.50 点，从 7 月 15 日的最高点下跌了 18 点，为期 138 天。这是牛市中的一种正常回调，之后的股市总体趋势仍会继续上升。

　　1945 年 3 月 6 日，股指涨到了最高点 162.50[①] 点。这个点数已经突破了 1938 年 11 月 10 日的最高点 158.75 点，说明股市行情仍然处于牛市，股指仍将继续走高。但随后，一场急剧下跌的行情突然出现了。

　　1945 年 3 月 26 日，股指跌至最低位 151.50 点，在 20 天内下跌了 11 点。投资者需要注意的是，1940 年 4 月 8 日的最高点是 152.00 点，此后便出现了一次大幅下跌。当 1945 年 3 月 26 日这天股指下跌到 151.50 点时，正好跌到了之前的最高位。于是，这个位置就形成了股市的一个支撑位，也为投资者提供了一个很好的买入点。

　　1945 年 5 月 8 日，对德战争结束。这对股市而言是一个利好消息，股市也因此开始上涨。

　　1945 年 5 月 31 日，股指涨到最高位 169.50 点。对于当时的股市波动而言，这是股指创下的一个新高位。

　　7 月 27 日，股指跌到了最低位 159.95 点，于 57 天之内下跌了 9.55 点。这轮下跌幅度未超过 10 点，属于正常的股市回调。这一迹象说明，此时的股市仍处于牛市之中。这时的股指仍高于 1938 年 11 月 10 日的最高位，表明股市上涨趋势十分强劲。

---

① 原著第六章中，这一天的最高点是 162.25 点——译者注。

1945 年 8 月 15 日 ①，对日战争结束。这对于股市是一个利好消息，所以股市随后迎来了新一轮的上涨行情。

1945 年 11 月 8 日，股指上涨到最高位 192.75 点。这个点位正好处于曾经出现过的卖出点、最低位和最高位下方位置，因此，随后必定会出现一轮正常的调整性下跌。

11 月 14 日，股指下跌到最低位 182.75 点，在 6 天之内下跌了 10 点。这和之前出现过的下跌行情非常类似，属于正常的股市回调，表明股市主要趋势仍然向上。

1945 年 12 月 10 日，股指上涨到最高位 196.50 点，正好又涨回以前曾经出现过的最高位、最低位和卖出点。所以，这个点位随后必定会出现调整性下跌。

12 月 20 日，股指下跌到最低点 187.50 点，在 10 天内下跌了 9 点，属于股市正常进行的一次调整性下跌。不过，投资者这时需要注意，这个点数已经超过了 1937 年的最高点，表明股市还会继续走高，此时距离 1937 年的最高位出现时间，已经隔了 7 年有余。

1946 年 2 月 4 日，股指涨到了最高点 207.49 点。此时的股市成交量已经持续上涨了几个月，这一迹象表明，一轮猛烈的调整性骤跌即将到来。

2 月 26 日，股指跌至最低点 184.05 点，在 22 天内累计下跌了 23.44 点。这是自 1942 年 4 月 28 日以来速度最快的一次下跌，也是股市向投资者发出的一次预警，说明牛市已经接近尾声。

---

① 原著为 14 日——译者注。

随后，股市迎来了一轮上涨行情，4月10日，股指升至208.93点的高点。这一点数突破了2月4日的最高位，说明股市还正持续走高。然而，这次双顶的持续时间非常短暂，随之而来的是新一轮的下跌行情。

5月6日，股指跌到了最低点199.26点，在26天内下跌了9.67点，说明这轮下跌只是一次正常的股市回调。事实上，股指仍能维持在200点以上，表明股市获得了良好支撑，还将进一步上涨。

最后的高位——牛市终结

1946年5月29日，股指涨到最高点213.36点，这是牛市的最终高位，自1942年4月28日开始的牛市就此结束。这轮牛市持续了49个月，股指上涨了120.75点。股市从1938年触底到1942年触底的时间周期，正好和这轮牛市一样。事实上，最后的高位只比2月4日的最高位高了大约6点，这表明，2月出现的骤跌行情发出的预警是正确的，那轮下跌确实预示着牛市即将结束。5月29日最高点出现之后的3日走势图，迅速证实了股市走势已经转向下行。

6月21日，股指下跌到最低点198.50点，在23日内下跌了13.75点。这是牛市结束的一个信号，但股市随后还将出现一轮次级反弹。

7月1日，股指涨到最高位208.50点，这一点位与2月的最高点大致相同。在10天内上涨10点，是熊市中一轮反弹的正常波动幅度。

1946 年 7 月 24 日的最低点为 195.50①点，股指跌到的这个位置，正好是 1937 年的最高位和 1945 年 12 月的最高位附近，这一迹象表明，股市在这里获得了良好支撑，随后还会出现反弹行情。

1946 年 8 月 14 日，股指的最高位为 205.25 点，随后股市便大幅下跌，平均指数跌破了 2 月 26 日的最低点 184 点，表明股市的大势已经转向下跌。此外，投资者还要注意，1937 年 8 月 14 日，在股市大势转向下跌之后，次级反弹形成了最后一个最高点。

这轮牛市自 1942 年 4 月开始，一直到 1949 年 5 月结束，是除了 1929 年的牛市之外，时间周期最长的一次牛市。因此，股市在短期内必定会出现一次调整性骤跌。

1946 年 10 月 30 日，股指跌至最低点 160.49 点，从 5 月 29 日的最高点下跌了 53 点，历时 154 天。投资者需要注意，1945 年 7 月 27 日的最低点是 159.95 点，于是这里便成为支撑位和买入点。从 5 月的最高点 213.36 点到 10 月的最低点 160.49 点，在 154 天内，股指下跌幅度为 25%。由于投资者大量买入，股市处于超买状态，这轮骤跌是对超买现象进行的一次调整性下跌。截至此时，下跌行情都未超出股市调整的正常波动幅度。

从 1946 年 10 月 30 日的最低点开始，股市出现了一轮

① 原著中这一天的最低点出现过两次，数据稍有出入。在第六章中，1946 年 7 月 24 日的最低点是 194.50 点——译者注。

反弹。

1947 年 2 月 10 日，股指涨至最高位 184.50 点，在 103 天内上涨了 24 点，正好升至 1946 年 2 月最低位下方位置。最高位和上一个最低位的出现时间正好相隔一年，这对股市走势的变化而言非常重要。前面提到过，2 月 5 日和 10 日，往往是对股市变化十分重要的时间点。

次级下跌

1947 年 5 月 5 日，股指涨到最高点 175.50 点；5 月 19 日，股指又跌至最低点 161.50 点，在 14 天内下跌了 14 点。这与股市规则完全吻合，也就是在正常股市中，下跌行情按大约每天 1 点的跌幅下跌。这个最低点略高于 1946 年 10 月 30 日的最低位，此处便形成了双底，也成为投资者的一个买入点。投资者通过观察 3 日走势图，也能印证这一点。

1947 年 7 月 25 日，股指涨到最高位 187.50 点，在 67 天内上涨了 26 点。这个反弹周期正好处于 60 ～ 72 天的正常时间周期范围之中。所以，随后股市应该会出现调整性的回档下跌。

1947 年 9 月 9 日和 9 月 26 日，股指跌到了最低点 174.50 点，在 46 天内下跌了 13 点。新一轮的反弹随后出现了。

10 月 20 日，股指涨到最高点 186.50[①] 点，在 24 天内上

---

① 原著中为 176.50——译者注。

涨了 12 点。这个点位要低于 7 月的最高位，表明这里形成了一个良好的卖出点，投资者可以在此处抛售股票，而之后股市走势仍要继续下跌。

1948 年 2 月 11 日，股指跌至最低点 164.04 点，比 1947 年 7 月下跌了 23.40 点。这个最低点高于 1946 年 10 月和 1947 年 5 月的最低点，表明市场获得了良好支撑，这里是一个投资者的买入点。投资者从 3 日走势图上可以看出，价格指数先是在一个狭窄区间内运行了 1 个月，随后股市走势开始向上攀升。

1948 年 6 月 14 日，股指上涨到最高点 194.49 点，比 2 月 11 日上涨了 30.45[①] 点，为期 126 天。在这个时间周期内，股市进行调整性下跌回调，没有一次能持续 6 天以上，调整幅度也都控制在 4 点以内。很显然，此时的股市处于超买状态，随后必然会出现一次调整性下跌。此时的股指已经上涨到 1937 年的最高位和 1929 年的最低位，于是这里便形成了一个阻力位，同时为投资者提供了一个良好的卖出点。

1948 年 7 月 12 日出现的最后一个高位是 192.50 点；7 月 19 日，股指跌到了最低位 179.50 点，7 天内下跌了 13 点，这是股市大盘将要进一步走低的信号。

9 月 27 日，股指跌至最低位 175.50 点，正好下跌到之前曾出现过的一个支撑位，表明股市将出现一轮反弹，因为 9 月对于股市趋势变化而言，通常是一个很重要的月份。

10 月 26 日，股指涨到最高位 190.50 点，在 29 天内上

---

① 原著中为 34——译者注。

涨了 15 点，这次出现的最高位要低于上一个最高位。这个点数与 1937 年 8 月 14 日股市转向下跌时的点数相同。投资者千万要谨记时间周期和之前的指数。此时的点数低于 1948 年 6 月和 7 月的点数，而且此时与 1946 年 10 月已相距 2 年时间，这一信息对于研判股市趋势变化而言十分重要。

⌨ 大选后的暴跌

11 月 1 日，股指上涨到最高位 190.00 点；11 月 30 日，股指跌至最低点 170.50 点，在 29 天内下跌了 18 点，跌到了一个即将出现反弹行情的支撑位。

1949 年 1 月 7 日和 24 日，股指上涨至最高位 182.50 点，上涨了 11 点，历时 38 天。根据规则 8 可知，在 1 月 7 日至 24 日期间，如果指数能达到最高点，同时能跌破 1 月初所创下的最低点，那么股市趋势将会转向下行。

1 月 24 日之后，股指没能突破 1 月 7 日创下的最高位，这表明 1 月 7 日的点数就是股市的最高位，这时候投资者该出货了。

2 月 25 日，股指跌至 170.50 点这一最低位，只比 1948 年 11 月 30 日的最低位低 1 点，因此，这里将会是下一轮反弹的支撑位。

3 月 30 日，股指上涨到 179.15 点，比 2 月 25 日的最低点上涨了 8.65 点，在 33 天内上涨没能达到 9 点。股市反弹上涨幅度未能达到 9 点，表明股市处于疲软状态，走势将会继续走低。

请投资者务必牢记股市规则 8，根据这条股市规则可以知道，股市逆转的重要变化通常会出现于 5 月 5 日到 10 日。5 月 5 日的最高位是 177.25 点，这一点位低于 3 月 30 日的最高位，同时低于 4 月 18 日的最高位，这就表明股市的主要走势仍然是向下的，下跌行情仍将继续。

1949 年 6 月 14 日，股指跌至最低点 160.62 点，从 3 月 30 日开始，指数在 76 天内下跌了 18.43 点，这已经是股指第三次达到同样的最低位了。

1946 年 10 月 30 日，股指跌至最低点 160.49 点；1947 年 5 月 19 日，股指跌至最低点 161.38 点；1948 年 11 月 30 日，股指跌至最低点 170.50 点。最后一次下跌行情从 5 月 5 日开始到 6 月 14 日结束，股指在整整 40 天时间里总共下跌了 16.63 点。由于股指第三次处于相同的低位，而且此时与 1948 年 6 月 14 日正好时隔整 1 年，说明这个点位是投资者的一个买入点，股市进行下一轮反弹的时候到了。

新一轮反弹从 6 月 14 日开始，一直持续到 1949 年 7 月 17 日，股指已经上涨到 175 点以上。迄今为止，这是 1949 年以来最大的一次涨幅。

第六章

平均指数重要涨跌的时间周期

当你拥有道琼斯 30 种工业股平均指数每一次重要涨跌的时间周期记录，并且知道每次上涨或下跌的幅度，就能预测未来股市行情的震荡周期，还能在每一个重要的时间周期结束时，预测出股市走势的变化，因为这些变化在过去的股市震荡中，已经反复出现过很多次。

在下面表格中，字母"A"表示上涨，后面的数字代表的是上涨的天数；字母"D"代表下跌，后面的数字则表示下跌的天数。

道琼斯 30 种工业股重要涨跌周期

年份	日期		点数	涨跌	天数
1912 年	10 月 8 日	最高点	94.25 点	—	—
	6 月 11 日	最低点	72.11 点	D	246 天
1913 年	9 月 13 日	最高点	83.50 点	A	94 天
	12 月 15 日	最低点	75.25 点	D	95 天
1914 年	3 月 20 日	最高点	83.50 点	A	95 天
	12 月 24 日	最低点	53.17 点	D	279 天
	4 月 30 日	最高点	71.78 点	A	127 天
1915 年	5 月 14 日	最低点	60.50 点	D	14 天
	12 月 27 日	最高点	99.50 点	A	199 天

年份	日期		点数	涨跌	天数
1916 年	7 月 13 日	最低点	86.50 点	D	198 天
	11 月 21 日	最高点	110.50 点	A	30 天
	12 月 21 日	最低点	90.50 点	D	30 天
1917 年	1 月 2 日	最高点	99.25 点	A	14 天
	2 月 2 日	最低点	87.00 点	D	31 天
	6 月 9 日	最高点	99.25 点	A	127 天
	12 月 19 日	最低点	65.90 点	D	192 天
1918 年	10 月 18 日	最高点	89.50 点	A	304 天
1919 年	2 月 8 日	最低点	79.15 点	D	103 天
	7 月 14 日	最高点	112.50 点	A	156 天
	8 月 20 日	最低点	98.50 点	D	37 天
	11 月 3 日	最高点	119.62 点	A	26 天
	11 月 29 日	最高点	103.50 点	A	26 天
1920 年	1 月 3 日	最高点	109.50 点	A	35 天
	2 月 25 日	最低点	89.50 点	D	53 天
	4 月 8 日	最高点	105.50 点	A	42 天
	5 月 19 日	最低点	87.50 点	D	41 天
	7 月 8 日	最高点	94.50 点	A	50 天
	8 月 10 日	最低点	83.50 点	D	33 天
	9 月 17 日	最高点	89.75 点	A	38 天
	12 月 21 日	最低点	65.90 点	D	96 天
1921 年	5 月 5 日	最高点	80.05 点	A	135 天
	6 月 20 日	最低点	64.75 点	D	46 天
	7 月 6 日	最高点	69.75 点	A	16 天
	8 月 24 日	最低点	63.90 点	D	49 天

续　表

年份	日期		点数	涨跌	天数
1922 年	10 月 14 日	最高点	103.50 点	A	52 天
	11 月 14 日	最低点	93.50 点	D	31 天
1924 年	2 月 6 日	最高点	101.50 点	A	84 天
	5 月 14 日	最低点	88.75 点	D	98 天
	5 月 20 日	最高点	105.50 点	A	98 天
	10 月 14 日	最低点	99.50 点	D	55 天
1925 年	1 月 22 日	最高点	123.50 点	A	100 天
	2 月 16 日	最低点	117.50 点	D	25 天
	3 月 6 日	最高点	125.50 点	A	18 天
	3 月 30 日	最低点	115.00 点	D	24 天
	4 月 18 日	最高点	122.50 点	A	19 天
	4 月 27 日	最低点	119.60 点	D	9 天
	11 月 6 日	最高点	159.25 点	A	192 天
	11 月 24 日	最低点	148.50 点	D	18 天
1926 年	2 月 11 日	最高点	162.50 点	A	78 天
	3 月 3 日	最低点	144.50 点	D	20 天
	3 月 12 日	最高点	153.50 点	A	9 天
	3 月 30 日	最低点	135.50 点	D	18 天
	4 月 24 日	最高点	144.50 点	A	25 天
	5 月 19 日	最低点	137.25 点	D	25 天
	8 月 24 日	最高点	162.50 点	A	97 天
	10 月 19 日	最低点	146.50 点	D	56 天
	12 月 18 日	最高点	161.50 点	A	60 天
1927 年	1 月 25 日	最低点	152.50 点	D	38 天
	5 月 28 日	最高点	172.50 点	A	123 天

续　表

年份	日期		点数	涨跌	天数
1927 年	6 月 27 日	最低点	165.50 点	D	30 天
	10 月 3 日	最高点	195.50 点	A	97 天
	10 月 22 日	最低点	179.50 点	D	19 天
1928 年	1 月 3 日	最高点	203.50 点	A	73 天
	1 月 18 日	最低点	191.50 点	D	15 天
	3 月 20 日	最高点	214.50 点	A	62 天
	4 月 23 日	最低点	207.00 点	D	34 天
	5 月 14 日	最高点	220.50 点	A	21 天
	5 月 22 日	最低点	211.50 点	D	8 天
	6 月 2 日	最高点	220.50 点	A	13 天
	6 月 18 日	最低点	202.00 点	D	16 天
	7 月 5 日	最高点	214.50 点	A	19 天
	7 月 16 日	最低点	205.00 点	D	11 天
	10 月 24 日	最高点	260.50 点	A	100 天
	10 月 31 日	最低点	249.00 点	D	7 天
	11 月 28 日	最高点	298.50 点	A	28 天
	12 月 10 日	最低点	254.36 点	D	12 天
1929 年	2 月 1 日	最高点	325.00 点	A	53 天
	2 月 18 日	最低点	293.00 点	D	17 天
	3 月 1 日	最高点	325.00 点	A	13 天
	3 月 26 日	最低点	281.50 点	D	25 天
	5 月 6 日	最高点	331.00 点	A	41 天
	5 月 31 日	最低点	291.00 点	D	24 大
	7 月 8 日	最高点	350.50 点	A	38 天
	7 月 29 日	最低点	337.00 点	D	21 天

年份	日期		点数	涨跌	天数
1929 年	9 月 3 日	最高点	386.10 点	A	36 天
	10 月 4 日	最低点	321.00 点	D	31 天
	10 月 11 日	最高点	358.50 点	A	7 天
	10 月 29 日	最低点	210.50 点	D	18 天
	11 月 8 日	最高点	245.00 点	A	10 天
	11 月 13 日	最低点	195.50 点	D	5 天
	12 月 9 日	最高点	267.00 点	A	27 天
	12 月 20 日	最低点	227.00 点	D	11 天
1930 年	2 月 5 日	最高点	274.00 点	A	47 天
	2 月 25 日	最低点	259.50 点	D	20 天
	4 月 16 日	最高点	297.75 点	A	50 天
	5 月 5 日	最低点	249.00 点	D	19 天
	6 月 21 日	最高点	275.00 点	A	28 天
	6 月 25 日	最低点	207.50 点	D	23 天
	7 月 28 日	最高点	243.50 点	A	33 天
	8 月 9 日	最低点	234.50 点	D	12 天
	9 月 10 日	最高点	247.00 点	A	32 天
	10 月 18 日	最低点	183.50 点	D	38 天
	10 月 28 日	最高点	298.50 点	A	10 天
	11 月 10 日	最低点	168.25 点	D	13 天
	11 月 25 日	最高点	191.50 点	A	15 天
	12 月 17 日	最低点	154.50 点	D	22 天
1931 年	2 月 24 日	最高点	196.75 点	A	59 天
	4 月 29 日	最低点	142.00 点	D	64 天
	5 月 9 日	最高点	156.00 点	A	10 天

续 表

年份	日期		点数	涨跌	天数
1931 年	6 月 2 日	最低点	119.50 点	D	24 天
	6 月 27 日	最高点	157.50 点	A	25 天
	8 月 6 日	最低点	132.50 点	D	40 天
	8 月 15 日	最高点	146.50 点	A	9 天
	10 月 5 日	最低点	85.50 点	D	51 天
	11 月 9 日	最高点	119.50 点	A	35 天
1932 年	1 月 5 日	最低点	69.50 点	D	57 天
	1 月 14 日	最高点	87.50 点	A	9 天
	2 月 10 日	最低点	70.00 点	D	27 天
	2 月 19 日	最高点	89.50 点	A	9 天
	6 月 2 日	最低点	43.50 点	D	103 天
	6 月 16 日	最高点	51.50 点	A	14 天
	7 月 8 日	最低点	40.60 点	D	22 天
	9 月 8 日	最高点	81.50 点	A	62 天
	10 月 10 日	最低点	57.50 点	D	32 天
	11 月 12 日	最高点	68.50 点	A	33 天
	12 月 3 日	最低点	56.50 点	D	21 天
1933 年	1 月 11 日	最高点	65.25 点	A	39 天
	2 月 27 日	最低点	49.50 点	D	47 天
	7 月 18 日	最高点	110.50 点	A	141 天
	7 月 21 日	最低点	84.50 点	D	3 天
	9 月 18 日	最高点	107.50 点	A	59 天
	10 月 21 日	最低点	82.20 点	D	33 天
1934 年	2 月 5 日	最高点	111.50 点	A	107 天
	3 月 27 日	最低点	97.50 点	D	50 天

续　表

年份	日期		点数	涨跌	天数
1934 年	4 月 20 日	最高点	107.00 点	A	24 天
	5 月 14 日	最低点	89.50 点	D	24 天
	6 月 19 日	最高点	101.25 点	A	36 天
	7 月 26 日	最低点	84.50 点	D	37 天
	8 月 25 日	最高点	96.25 点	A	30 天
	9 月 17 日	最低点	85.75 点	D	23 天
1935 年	1 月 7 日	最高点	106.50 点	A	112 天
	2 月 6 日	最低点	99.75 点	D	30 天
	2 月 18 日	最高点	108.50 点	A	12 天
	3 月 18 日	最低点	96.00 点	D	28 天
	9 月 11 日	最高点	135.50 点	A	177 天
	10 月 3 日	最低点	126.50 点	D	22 天
	11 月 20 日	最高点	149.50 点	A	48 天
	12 月 16 日	最低点	138.50 点	D	26 天
1936 年	4 月 6 日	最高点	163.25 点	A	112 天
	4 月 24 日	最低点	141.50 点	D	18 天
	8 月 10 日	最高点	170.50 点	A	108 天
	8 月 21 日	最低点	160.50 点	D	11 天
	11 月 18 日	最高点	186.25 点	A	89 天
	12 月 21 日	最低点	175.25 点	D	33 天
1937 年	3 月 10 日	最高点	199.50 点	A	79 天
	4 月 9 日	最低点	175.50 点	D	30 天
	4 月 22 日	最高点	184.50 点	A	13 天
	6 月 14 日	最低点	163.75 点	D	53 天
	8 月 14 日	最高点	190.50 点	A	61 天

续　表

年份	日期		点数	涨跌	天数
1937 年	10 月 19 日	最低点	115.50 点	D	67 天
	10 月 29 日	最高点	140.50 点	A	10 天
	11 月 23 日	最低点	112.50 点	D	25 天
	12 月 8 日	最高点	131.25 点	A	15 天
	12 月 29 日	最低点	117.50 点	D	21 天
1938 年	1 月 15 日	最高点	134.50 点	A	17 天
	2 月 4 日	最低点	117.25 点	D	20 天
	2 月 23 日	最高点	133.00 点	A	19 天
	3 月 31 日	最低点	97.50 点	D	36 天
	4 月 18 日	最高点	121.50 点	A	18 天
	5 月 27 日	最低点	106.50 点	D	39 天
	7 月 25 日	最高点	146.50 点	A	59 天
	8 月 12 日	最低点	135.50 点	D	18 天
	8 月 24 日	最高点	145.50 点	A	12 天
	9 月 28 日	最低点	127.50 点	D	35 天
	11 月 10 日	最高点	158.75 点	A	43 天
	11 月 28 日	最低点	145.50 点	D	18 天
1939 年	1 月 5 日	最高点	155.50 点	A	38 天
	1 月 26 日	最低点	136.25 点	D	21 天
	3 月 10 日	最高点	152.50 点	A	43 天
	4 月 11 日	最低点	120.25 点	D	31 天
	6 月 2 日	最高点	140.50 点	A	52 天
	6 月 30 日	最低点	128.75 点	D	28 天
	7 月 25 日	最高点	145.50 点	A	25 天
	8 月 24 日	最低点	128.50 点	D	30 天

年份	日期		点数	涨跌	天数
1939 年	8 月 30 日	最高点	138.25 点	A	6 天
	9 月 1 日	最低点	127.50 点	D	2 天
	9 月 13 日	最高点	157.50 点	A	12 天
	9 月 18 日	最低点	147.50 点	D	5 天
	10 月 26 日	最高点	156.00 点	A	38 天
	11 月 30 日	最低点	144.50 点	D	35 天
1940 年	1 月 3 日	最高点	153.30 点	A	34 天
	1 月 15 日	最低点	143.50 点	D	12 天
	3 月 28 日	最高点	152.00 点	A	73 天
	5 月 21 日	最低点	110.61 点	D	54 天
	5 月 23 日	最高点	117.50 点	A	2 天
	5 月 28 日	最低点	110.50 点	D	5 天
	6 月 3 日	最高点	116.50 点	A	6 天
	6 月 10 日	最低点	110.50 点	D	7 天
	7 月 31 日	最高点	127.50 点	A	51 天
	8 月 16 日	最低点	120.50 点	D	16 天
	9 月 5 日	最高点	134.50 点	A	20 天
	9 月 13 日	最低点	127.50 点	D	8 天
	9 月 24 日	最高点	135.50 点	A	11 天
	10 月 15 日	最低点	129.50 点	D	19 天
	11 月 8 日	最高点	138.50 点	A	24 天
	12 月 23 日	最低点	127.50 点	D	45 天
1941 年	1 月 10 日	最高点	134.50 点	A	18 天
	2 月 19 日	最低点	117.25 点	D	40 天
	4 月 4 日	最高点	125.50 点	A	44 天

续 表

年份	日期		点数	涨跌	天数
1941 年	5 月 1 日	最低点	114.50 点	D	27 天
	7 月 22 日	最高点	131.50 点	A	82 天
	8 月 15 日	最低点	124.50 点	D	24 天
	9 月 18 日	最高点	130.25 点	A	34 天
	12 月 24 日	最低点	105.50 点	D	97 天
1942 年	1 月 6 日	最高点	114.50 点	A	13 天
	4 月 28 日	最低点	92.69 点	D	112 天
	6 月 9 日	最高点	106.50 点	A	42 天
	6 月 25 日	最低点	102.00 点	D	17 天
	7 月 9 日	最高点	109.50 点	A	14 天
	8 月 7 日	最低点	104.40 点	D	29 天
	11 月 9 日	最高点	118.50 点	A	94 天
	11 月 25 日	最低点	113.50 点	D	16 天
1943 年	4 月 6 日	最高点	137.50 点	A	132 天
	4 月 13 日	最低点	129.75 点	D	7 天
	7 月 15 日	最高点	146.50 点	A	93 天
	8 月 2 日	最低点	133.50 点	D	18 天
	9 月 20 日	最高点	142.50 点	A	49 天
	11 月 30 日	最低点	128.50 点	D	71 天
1944 年	1 月 11 日	最高点	138.50 点	A	42 天
	2 月 7 日	最低点	134.25 点	D	27 天
	3 月 16 日	最高点	141.50 点	A	38 天
	4 月 25 日	最低点	134.75 点	D	40 天
	7 月 10 日	最高点	150.50 点	A	76 天
	9 月 7 日	最低点	142.50 点	D	59 天

续 表

年份	日期		点数	涨跌	天数
1944 年	10 月 6 日	最高点	149.50 点	A	29 天
	10 月 27 日	最低点	145.50 点	D	21 天
	12 月 16 日	最高点	153.00 点	A	50 天
	12 月 27 日	最低点	147.75 点	D	11 天
1945 年	3 月 6 日	最高点	162.25 点	A	69 天
	3 月 26 日	最低点	151.50 点	D	20 天
	5 月 31 日	最高点	169.50 点	A	66 天
	7 月 27 日	最低点	159.96 点	D	57 天
	11 月 8 日	最高点	192.75 点	A	104 天
	11 月 14 日	最低点	182.75 点	D	6 天
	12 月 10 日	最高点	196.50 点	A	26 天
	12 月 20 日	最低点	187.50 点	D	10 天
1946 年	2 月 4 日	最高点	207.50 点	A	46 天
	2 月 26 日	最低点	184.04 点	D	22 天
	4 月 18 日	最高点	209.50 点	A	51 天
	5 月 6 日	最低点	199.50 点	D	18 天
	5 月 29 日	最高点	213.36 点	A	23 天
	6 月 12 日	最低点	207.50 点	D	14 天
	6 月 17 日	最高点	211.50 点	A	5 天
	6 月 21 日	最低点	198.50 点	D	4 天
	7 月 1 日	最高点	208.50 点	A	10 天
	7 月 24 日	最低点	194.50 点	D	23 天
	8 月 14 日	最高点	205.25 点	A	21 天
	9 月 19 日	最低点	164.50 点	D	36 天
	9 月 26 日	最高点	176.50 点	A	7 天

年份	日期		点数	涨跌	天数
1946 年	10 月 10 日	最低点	161.50 点	D	14 天
	10 月 16 日	最高点	177.25 点	A	6 天
	10 月 30 日	最低点	160.62 点	D	14 天
	11 月 16 日	最高点	175.00 点	A	7 天
	11 月 22 日	最低点	162.50 点	D	16 天
1947 年	1 月 7 日	最高点	179.50 点	A	46 天
	1 月 16 日	最低点	170.25 点	D	9 天
	2 月 10 日	最高点	184.50 点	A	25 天
	2 月 15 日	最低点	172.00 点	D	5 天
	3 月 28 日	最高点	179.50 点	A	41 天
	4 月 15 日	最低点	165.50 点	D	18 天
	5 月 5 日	最高点	175.50 点	A	20 天
	5 月 19 日	最低点	161.50 点	D	14 天
	7 月 14 日	最高点	187.50 点	A	56 天
	9 月 19 日	最低点	174.50 点	D	57 天
	10 月 20 日	最高点	186.00 点	A	41 天
	12 月 6 日	最低点	175.50 点	D	47 天
1948 年	1 月 5 日	最高点	181.50 点	A	30 天
	2 月 11 日	最低点	164.04 点	D	37 天
	6 月 14 日	最高点	194.49 点	A	124 天
	7 月 19 日	最低点	179.50 点	D	35 天
	7 月 28 日	最高点	187.00 点	A	9 天
	8 月 11 日	最低点	176.50 点	D	14 天
	9 月 7 日	最高点	185.50 点	A	27 天
	9 月 27 日	最低点	175.50 点	D	20 天

续　表

年份	日期		点数	涨跌	天数
1948 年	10 月 26 日	最高点	190.50 点	A	29 天
	11 月 30 日	最低点	171.50 点	D	35 天
1949 年	1 月 7 日	最高点	182.50 点	A	38 天
	1 月 17 日	最低点	177.50 点	D	10 天
	1 月 24 日	最高点	182.50 点	A	7 天
	2 月 25 日	最低点	170.50 点	D	32 天
	3 月 30 日	最高点	179.15 点	A	33 天
	4 月 22 日	最低点	172.50 点	D	23 天
	5 月 5 日	最高点	177.25 点	A	13 天
	6 月 14 日	最低点	160.69 点	D	40 天

第七章

道琼斯 30 种工业股平均指数 3 日
走势图

我之所以会把道琼斯 30 种工业股平均指数作为研判股市趋势的参照指标，并不是因为道氏理论有多么完美，而是因为，这些平均指数确实反映了大多数个股的未来走势。

诚然，现实情况并不尽相同，在上涨行情中，某些个股的时间周期可能会比平均指数的周期短，而另外一些个股的时间周期则会比平均指数的时间周期长。同样，在熊市中，个股与平均指数的时间周期也会略有出入，某些个股可能会比平均指数早几个月触底，而另外一些个股则会稍晚于平均指数几个月触底。

然而，不可否认的是，在股市即将见顶或触底时，平均指数起到了非常重要的指导作用，能够及时为投资者指示阻力位的位置，引导投资者在合适的时机买进或者卖出。在这一过程中，平均指数可谓功不可没，发挥了不可估量的作用。

铁路板块日渐式微，其平均指数的走势无法再与工业股平均指数齐头并进；而公用事业正处于强势地位，因而相较于铁路板块而言，公用事业这一板块的平均指数与工业股平均指数更加趋于一致。我的建议是，密切关注道琼斯 30 种工业股平均指数，同时要时刻盯紧这些股票的走势。投资者可以特别关注与大盘平均指数趋势保持一致的个股，抓住机会对这些股票进行投资。

在过去几年中，铁路板块股票的平均指数和30种工业股平均指数的波动幅度未能保持一致。这是因为，在大多数情况下，工业股走势比铁路股更强，上涨速度也更快。由此可见，如果投资者根据道氏理论来研究判断铁路股与工业股的走势是否一致，无疑是极不可取的。明智的投资者应该做的是，研究那些表现强势或弱势的个股，然后有选择地进行买卖。在实际操作时，要将工业股平均指数作为股市趋势参照指标，同时要灵活运用各项股市规则。

事实上，这些平均指数并不是真正意义上所有股票的平均值。从1897年到1914年，平均指数是以12种股票为基础计算而来的。之后，在1914年12月时，被纳入计算的股票变为20种，随后又变成30种。

虽然平均指数很有用，也能明确给出股市趋势走向的指示信号，但平均指数并不是这些股票交易时的实际价值，因为在计算平均指数时，已经考虑了分红和拆股等因素。这里所说的真正的平均指数，是指在任何时候购买100股这30种工业股所需的成本，并不把分红和拆分因素考虑在内。例如，1949年6月14日，根据目前包括分红和拆股的方法计算，道琼斯平均指数的最低价为160.69点；但如果按照这30只股票当天的最低价除以30计算，得到的平均值是52.27点，这才是真正的平均指数，也是当时购买这些股票所需的实际成本。

6 月 14 日，杜邦公司拆股之后，股价也发生了变化。1949 年 6 月 28 日，计算杜邦公司拆股后平均指数的最低点，得出当天的平均指数为 48.59 点，而按照道琼斯公式计算出的平均指数最低点为 164.65 点。

虽然按照道琼斯公式计算出的平均指数最低点应该是 164.65 点，但当时在这 30 种工业股中，仅有一种股票的股价高于这一点位，即联合化学公司，其股价为每股 167 美元；紧随其后的是美国电话公司，股价为每股 139 美元；后面股价比较高的美国罐头公司的股价为每股 89.25 美元，国家钢铁公司的股价为每股 75 美元。

其余股票的股价，都要比道琼斯公式计算出的这个平均指数低很多，一些股票的股价甚至低至每股 17 美元或 18 美元，另一些股票的股价则大多在每股 20 美元左右。当然，按照道琼斯公式计算出的平均指数会让走势图与事实相背离，因为这种方法会让股价看上去远远高于股市当天的实际股价。然而，这并不会妨碍投资者使用这种方式对股市走势进行判断，因为投资者依据道琼斯公式计算出 30 种工业股平均指数后得到的股市趋势，跟利用当天实际股价判断得到的股市走势完全相同。

3 日或 3 日以上股市震荡

本章表格中的那些平均指数（详见本章附表）[1]，需要和

---

[1] 原著中没有附图表——译者注。

3日走势图一起使用。表格中记录了3日或3日以上的股市
震荡情况，投资者通过表格和3日走势图，就能对股市平均
指数的波动情况一目了然。假如平均指数达到了超高点或超
低点，投资者希望在股市非常活跃的时候抓住这个时机，在
这种情况下，偶尔会用到1日或2日的股市波动数据。不过，
不管是哪种图表，记录的所有股市波动数据都是以"天"为
单位进行计算的。

　　3日走势图的使用规则是，当平均指数跌破了3日走势
图的最低位时，就表明股市走势会更低；当平均指数突破了
3日走势图的顶或最高位时，则表明股市会继续走高。但是，
使用这条规则时，投资者还要综合运用其他股市规则，尤其
要关注股市开始上涨时的最后一个最低位或起始位，还要留
心股市开始下跌时的最后一个最高位。股市涨跌时出现的顶
部、底部的位置及其高度等点位，对于研判股市的走势转折
都具有十分重要的作用。

　　在一轮上扬的股市行情中，大盘的底部会随着股市上涨
而上移，形成更高的底部；在一轮下跌的股市行情中，大
盘的顶部会随着股市下跌而下移，形成更低的顶部。但有时
候，股市震荡既不会跌破前一轮下跌行情的最低点，也不会
越过前一轮上升行情之前的顶或最高点，只在一个狭窄的范
围内进行调整，只要平均指数或个股没有突破这一轮的震荡
区间，就不能判定股市趋势发生了改变。

　　时间周期对股市走势至关重要，股市越过最高位或跌破
最低位的时间越久，在随后的一轮行情中，就会上涨得越高

或下跌得越低。

投资者还应该重点关注股市从最低位上涨了多长时间，或者从最高位下跌了多长时间。通常情况下，在任何一轮行情即将结束时，平均指数都很可能会上升到新的最高点，或者下跌到更低的位置，然后就会停留在原地止步不前，因为时间周期即将耗尽。

例如，在 1938 年 3 月 31 日，道琼斯 30 种工业股平均指数下跌到 97.50 点。1935 年 3 月 18 日，股指也曾经在这一位置附近下跌并触底，当时平均指数的最低位是 96.00 点。

1942 年 4 月 28 日，道琼斯平均指数跌至 92.62 点。这一点数与 1938 年的最低位相比低了不到 5 点，比 1935 年的最低位低了不到 4 点。根据股市规则可知，股指跌至以往最低位下方 5 点，或涨到以往最高位上方 5 点时，股市主要趋势不变。

到 1942 年 4 月时，股市已经连续下跌了 5 年多时间，这轮行情从 1937 年 3 月 10 日的极限最高位开始，经历了一个漫长的时间周期。当时的股价已经跌破了以往的最低位，但跌幅没能超过 5 点，这就预示着股市趋势即将发生改变，所以，这时投资者可以考虑买进股票。从 3 日走势图的股市走势曲线可知，1942 年 4 月 21 日，股指上涨到最高位 98.02 点；4 月 28 日，股指下跌到最低位 92.69 点。这轮下跌持续了 7 天，跌幅还未达到 6 点。

1942 年 5 月 11 日，平均指数上涨到 99.49 点。通过 3 日走势图可知，这一点位高于 4 月 21 日出现的最后一个最高位，这表明股市将持续上涨。从5月11日开始，新一轮下跌行情出现，股指连续3天下跌，跌至最低点96.39点，一共下跌了3.30点。一直到1946年5月29日，股指才跌破这一点数，96.39点也成为当时最后的高位。

投资者通过研究3日走势图和高低位逐渐上移走高的走势曲线，就会发现，其实3日走势图已经指明了股市不断上升的趋势。当然，在此期间股指会不断震荡，时间周期也会进行调整，但股市上行的主要走势不会变。

🖱 30种工业股平均指数3日走势图

本章所列的数据显示了1912年9月30日至1949年7月19日期间平均指数的所有3日走势。本章附表中的3日走势图始于1940年11月8日，显示了该时期内的3日走势。

🖱 3日走势图的绘制规则

如果股市从最低点开始上涨，在接下来连续3天中最高位和最低位都在依次上移，那么在3日走势图中，股指就会在第3天时达到最高位。如果随后股市只出现了为期2天的调整性下跌，投资者就不必把这轮下跌记录在3日走势图上。但是如果在下跌行情中股指超过了第一个最高位，投资者就应当把趋势线延长，连到每天的最高位，把最高位都用趋势线连接起来。一直到股指连续3天出现依次更低的最低位时，投资者就应该把趋势线连到第 3 天的最低点上，只要股指还在一直下跌，这条趋势线就要一直连到每天的最低点上。

那些只有 2 天的反弹可以忽略不计，也不用记在 3 日走势图上，除非股指出现在极限最高位或极限最低位附近。一旦出现这种情况，投资者务必要记录股指在这两天的变化曲线，尤其是当股指涨跌幅度非常大时，就更应该画出这些曲线。

如果股市已经上涨了很长一段时间，而且形成了双顶或三重顶，并突破了 3 日走势图上的最后一个最低点，这时投资者就可以判定，股市的趋势已经转向，至少已经开始小幅下跌了。

但是如果股市一路下跌，并且跌破了 3 日走势图上的最后一个顶部，投资者就可以认定，股市趋势至少已经暂时出现了上升。

投资者如果把 3 日走势图和其他股市规则结合起来灵活运用，就会发现对判断股市行情大有帮助。

股市 3 日走势实例

以下是股市中出现的一些 3 日走势的例子。

1940 年 11 月 8 日，股指涨到最高点 138.50 点，从此处开始，股指趋势在 3 日走势图上开始转向下行，走势曲线的最高点和最低点也在依次下移。

在 1941 年 4 月 23 日和 5 月 1 日、16 日、26 日，股指

都跌到了最低点。在5月26日时，3日走势图上出现了第二个上移的底部。这是一个适合投资者买入的好时机，可以在5月1日的最低点处设置止损单。当股指突破5月21日的最高点时，向上的趋势便显现出来了。

7月22日，股指上涨至最高点131.50点。但随后平均指数就跌破了3日走势图上的底部，并继续一路下跌，到8月15日，股指跌到最低点124.50点。9月18日，股市反弹到最高位130.25点，但这一点数低于7月22日的最高位，所以，此处就为投资者提供了一个卖出点。

随后，大盘便一路下跌，一直跌破了8月15日的最低位，这表明股市的主要走势仍然会持续下行。之后股市继续下跌，一直到1942年1月6日，才有一个3天的最高点被突破，但也只比1941年12月16日出现过的最高点高出了2点。前面曾经指出，在1月6日前后，股市很可能会出现转势。此后股市便一直下跌，到1942年4月28日时，股指跌至极限最低点92.69点。这轮下跌行情从1941年7月22日开始，股指一共下跌了38.81[①]点。根据3日走势图可知，投资者可以利用这轮跌势，在此期间卖空获利。

从4月28日的极限最低点开始，平均指数的最低位和最高位开始依次上移。这时的股指比1935年和1938年曾出现过的最低位都低了不少，对于投资者而言，这里不管怎么看都绝对是一个买入的大好时机。

1942年6月，平均指数突破了4月7日曾创下的最高

---

① 原著中为38.31——译者注。

位 102.50 点，股市的上升趋势已经确凿无疑地显示出来了。
股指不断上涨，最低位和最高位也在不断地依次上移，1943
年 7 月 15 日，股指涨到了最高位 146.50 点。由之前总结的
股市规则可知，股市已经在此处形成了一个卖出点。此后，
3 日走势图开始转向下行，股指下跌至 11 月 30 日的最低位
128.94 点。投资者需要注意，3 月 10 日和 22 日创下的最低
点都在 128.50 点附近，因此，这时的 129.00 点不再是 3 日
走势图上曾出现过的最低位，而是变成了一个买入点。

　　11 月 30 日之后，大盘趋势调头上行，最低位依次上移。
这一轮涨势一直持续到 1946 年 2 月 4 日，股指涨到了最高
点 207.50 点，股市在此处为投资者提供了一个卖出点。随后
股市迅速大幅下跌，2 月 26 日跌到最低点 184.04 点。投资
者需要注意的是，之前 1945 年 10 月 30 日和 11 月 14 日都
曾经出现过最低位，并且最低位都在 183.00 点附近。因而，
投资者可以判定，184.00 点就是在曾经的最低位附近形成的
一个买入点。

　　从 2 月开始，股指走势再次向上攀升，1946 年 5 月 29 日，
股指涨到最高点 213.75 点。根据之前总结的股市规则可知，
这是股市给投资者提供的一个卖出点。

　　6 月 12 日，股指跌至最低位 207.50 点，正好跌停至 2
月 4 日的最高位。所以，从这个点开始，股市将会出现下一
轮反弹。6 月 17 日，股指涨到了最高位 208.50 点，正好位
于 2 月 4 日的最高位上方，所以股市在这个位置形成了一个
卖出点。

随后，新一轮下跌行情开始，股指跌破了6月12日的最低点，说明股市已经呈现出向下之势。接下来股市便一路下跌，1946年10月30日，股指跌到了最低位160.69点。在此期间，股指一直没能突破3日走势图上的任何一个最高位。参照1945年7月27日的最低点[1]，同时根据时间周期和百分比点位的股市规则，投资者可以断定，这个最低位是一个买入点。

自10月30日的最低点之后，股指都没能突破3日走势图上任何一个最低点3点以上。一直到1947年2月10日，股指涨到了最高位184.50点。这时的股指低于1946年2月26日的最低位[2]，于是这里便形成了一个卖出点。

股市走势再次调头向下，每次反弹的最高位都在依次降低。1947年5月19日，股指跌到最低点161.50点。通过对比1946年10月30日的最低点可知，这里是股市形成的一个买入点。

随后，一轮急速反弹行情出现，股指开始快速攀升。7月14日，股指涨到最高位187.50点；7月18日，股指又跌到了最低点182.00点。7月25日，股指再一次涨到最高位187.50点，一个双重顶就此形成了。对于投资者来说，这里还是股市形成的一个卖出点。

---

[1] 这个最低点为159.95点——译者注。
[2] 这里疑似笔误。根据原著第六章表格，1946年2月26日的最低位为184.04点，1947年2月10日的最高位为184.50点，显然，184.50不可能低于184.04——译者注。

接下来，平均指数跌破了 7 月 18 日的最低位，然后又一路下跌，跌至 9 月 9 日和 26 日的最低点 174.50 点，这一点位和 6 月 25 日的最低位相同，此处便形成了双底。对于投资者而言，这里是一个合适的买入点。

10 月 20 日，股指涨到最高位 186.50 点。由于这个点位低于 7 月 14 日和 25 日的最高位，所以投资者可以判定，这里是股市形成的一个卖出点。

此后股市走势逆转而下，从 3 日走势图上可以看出，股指的最高位和最低位不断下移，到 1948 年 2 月 11 日时，股指下跌至当时的最低位 164.07 点。到 2 月 20 日和 3 月 17 日时，股指再次下跌到相同的点位筑底，此时的股市形成了双底，并为投资者提供了一个买入点。

3 月 3 日，当股指越过当天的最高点时，投资者便可以判定，股市的趋势必然会向上攀升，这里便是一个安全买入点。在这轮涨势行情中，股指的涨速很快，但一直未能跌破 3 日走势图上的任何一个最低位。1948 年 6 月 14 日，股指上涨到最高点 194.49 点，这一点位位于 386.00 点的 50% 即中点点位，并且是以往的最低位和最高位区域，对于投资者而言，这时便是抛售手里各种长线股、开始建立空头仓位的好时机。

从这一点位开始，股市趋势便出现了逆转。8 月 11 日、21 日以及 9 月 27 日的股指跌至 175.50 ~ 176.50 点，股市构筑了一个双底和一个三重底，对投资者而言，这里自然也形成了一个买入点。随后股市便开始了一轮快速反弹，股指于

10 月 26 日涨到最高点 190.50 点，之后又出现了一轮持续到 10 月 29 日的短暂回调，紧接着是一轮延续至 11 月 1 日的股市反弹。

当 10 月 29 日股指跌破最低点时，股市趋势已经逆转而下了。总统大选过后，股市又出现了一轮快速下跌行情。

11 月 30 日，股指跌至最低点 170.50 点，这里以前曾经多次出现过最低位，因而形成了一个股市支撑位，对投资者来说，这里就是一个很好的买入点。在这之后，又出现了一轮反弹行情。

1949 年 1 月 7 日，股指涨到最高点 182.50 点。经过股市回调后，股指反弹到 1 月 24 日的最高位，在这一点位双顶形成了，它也为投资者提供了一个卖出点。根据之前总结的股市规则可知，如果在 24 日以前平均指数还不能突破 1 月 7 日的最高位，就表明股指还将继续走低。

2 月 25 日，股指跌到最低点 170.50 点，它与 11 月 30 日的最低点一起筑底形成双底，对投资者而言，这里便是一个很好的买入点。3 月 30 日，股指涨到最高价 179.15 点。由 9 点摆动图可知，如果平均指数反弹未能超过 9 点，便是股市走势疲软的迹象。果然，股市趋势在 3 月 30 日之后便开始反转下跌。投资者通过 3 日走势图可知，在这轮下跌行情中，股指的最低位和最高位都在依次下移。6 月 14 日，股指跌至最低点 160.62 点。它与 1946 年 10 月 30 日、1947 年 5 月 19 日的最低点一起，构筑了一个三重底。对投资者而言，这里是一个非常好的买入点。当然，投资者在买进股票时，为了保护资产安全，千万要谨记设置止损单。

随后一轮反弹接踵而至，这轮行情一直持续到 7 月 19 日，平均指数上涨至 174.00 点以上，在 3 日走势图上没有显示出任何回调行情。

事实上，当时股市进行过一次回调，不过只持续了 1 天，这表明股市涨势非常强劲。众所周知，平均指数总有一天会回调，可能会持续 3 天，也可能会持续更长时间，总之回调迟早会出现。但当回调过后，如果股指越过了第一次反弹时出现的最高位，这便明确表示股市的主要趋势已经转向，股指必将持续走高。

1912～1949 年道琼斯 30 种工业股平均指数 3 日走势

	时间	平均指数	时间		平均指数
	9 月 30 日	94.15 点	1912 年	12 月 11 日	85.25 点
	10 月 4 日	93.70 点		1 月 9 日	88.57 点
	10 月 8 日	94.12 点		1 月 14 日	84.96 点
	10 月 14 日	92.40 点		1 月 18 日	85.75 点
	10 月 16 日	93.70 点		1 月 20 日	81.55 点
1912 年	11 月 4 日	90.29 点		1 月 30 日	83.80 点
	11 月 7 日	91.67 点	1913 年	2 月 18 日	79.82 点
	11 月 11 日	89.58 点		2 月 20 日	80.20 点
	11 月 14 日	90.40 点		2 月 25 日	78.72 点
	11 月 18 日	89.97 点		3 月 5 日	81.69 点
	11 月 21 日	91.40 点		3 月 20 日	78.25 点

时间		平均指数	时间		平均指数
	4 月 4 日	83.19 点		10 月 27 日	79.38 点
	4 月 19 日	81.00 点		11 月 10 日	75.94 点
	4 月 22 日	81.46 点		11 月 18 日	77.25 点
	4 月 29 日	78.39 点		12 月 1 日	75.77 点
	5 月 5 日	79.95 点	1913 年	12 月 4 日	77.01 点
	5 月 15 日	78.51 点		12 月 15 日	75.27 点
	5 月 24 日	79.88 点		12 月 26 日	78.85 点
	6 月 11 日	72.11 点		12 月 30 日	78.26 点
	6 月 18 日	75.85 点		1 月 26 日	82.88 点
	6 月 21 日	74.03 点		1 月 29 日	81.72 点
	7 月 28 日	79.06 点		2 月 2 日	83.19 点
1913 年	8 月 1 日	78.21 点		2 月 11 日	82.50 点
	8 月 13 日	80.93 点		2 月 14 日	83.09 点
	8 月 15 日	79.50 点		2 月 25 日	81.31 点
	8 月 29 日	81.81 点		2 月 28 日	82.26 点
	9 月 4 日	80.27 点		3 月 6 日	81.12 点
	9 月 13 日	83.43 点	1914 年	3 月 20 日	83.43 点
	9 月 17 日	82.38 点		3 月 30 日	81.64 点
	9 月 22 日	83.01 点		4 月 2 日	82.47 点
	9 月 30 日	80.37 点		4 月 25 日	76.97 点
	10 月 2 日	81.43 点		5 月 1 日	80.11 点
	10 月 16 日	77.09 点		5 月 8 日	79.16 点
	10 月 21 日	79.60 点		5 月 19 日	81.66 点
	10 月 23 日	78.40 点		5 月 22 日	80.85 点

续 表

时间		平均指数	时间		平均指数
1914 年	6 月 10 日	81.84 点		9 月 3 日	80.70 点
	6 月 25 日	79.30 点		10 月 2 日	91.98 点
	7 月 8 日	81.79 点		10 月 6 日	88.23 点
	7 月 30 日	71.42 点		10 月 22 日	96.46 点
	12 月 12 日	54.72 点		10 月 28 日	93.34 点
	12 月 14 日	56.76 点		11 月 4 日	96.06 点
	12 月 24 日	53.17 点	1914 年	11 月 9 日	91.08 点
1914 年	1 月 23 日	58.52 点		11 月 16 日	96.33 点
	2 月 1 日	55.59 点		11 月 20 日	95.02 点
	2 月 11 日	57.83 点		11 月 29 日	97.56 点
	2 月 24 日	54.22 点		12 月 2 日	94.78 点
	3 月 8 日	56.98 点		12 月 8 日	98.45 点
	3 月 13 日	56.35 点		12 月 13 日	95.96 点
	4 月 30 日	71.78 点		12 月 27 日	99.21 点
1914 年	5 月 10 日	62.06 点		1 月 11 日	94.07 点
	5 月 12 日	64.46 点		1 月 17 日	96.63 点
	5 月 14 日	60.38 点		1 月 20 日	93.60 点
	5 月 22 日	65.50 点		1 月 25 日	94.24 点
	5 月 26 日	64.42 点		1 月 31 日	90.58 点
	6 月 22 日	71.90 点	1916 年	2 月 11 日	96.15 点
	7 月 9 日	67.88 点		2 月 17 日	94.11 点
	8 月 18 日	81.86 点		2 月 19 日	94.77 点
	8 月 21 日	76.76 点		3 月 2 日	90.52 点
	8 月 28 日	81.95 点		3 月 16 日	96.08 点

续　表

时间		平均指数	时间		平均指数
	3 月 25 日	93.23 点		11 月 29 日	105.97 点
	4 月 6 日	94.46 点	1916 年	12 月 6 日	106.76 点
	4 月 22 日	84.96 点		12 月 21 日	90.16 点
	5 月 1 日	90.30 点		1 月 2 日	99.18 点
	5 月 4 日	87.72 点		1 月 13 日	95.13 点
	5 月 15 日	92.43 点		1 月 20 日	97.97 点
	5 月 17 日	91.51 点		1 月 23 日	96.26 点
	5 月 25 日	92.62 点		1 月 26 日	97.36 点
	6 月 2 日	91.22 点		2 月 2 日	87.01 点
	6 月 12 日	93.61 点		2 月 6 日	92.81 点
	6 月 26 日	87.68 点		2 月 9 日	90.20 点
	7 月 5 日	90.53 点		2 月 13 日	92.37 点
1916 年	7 月 13 日	86.42 点		2 月 15 日	91.65 点
	7 月 22 日	89.75 点	1917 年	2 月 20 日	94.91 点
	7 月 27 日	88.00 点		3 月 1 日	91.10 点
	8 月 1 日	89.05 点		3 月 20 日	98.20 点
	8 月 8 日	88.15 点		4 月 10 日	91.20 点
	8 月 22 日	93.83 点		4 月 14 日	93.76 点
	9 月 1 日	91.19 点		4 月 24 日	90.66 点
	11 月 9 日	107.68 点		5 月 1 日	93.42 点
	11 月 13 日	105.63 点		5 月 9 日	89.08 点
	11 月 21 日	110.15 点		6 月 9 日	99.08 点
	11 月 23 日	107.48 点		6 月 20 日	94.78 点
	11 月 25 日	109.95 点		6 月 25 日	97.57 点

续 表

时间		平均指数	时间	平均指数
1917 年	7 月 19 日	90.48 点	3 月 2 日	78.98 点
	7 月 21 日	92.61 点	3 月 11 日	79.78 点
	7 月 25 日	91.24 点	3 月 23 日	76.24 点
	8 月 6 日	93.85 点	4 月 6 日	77.95 点
	9 月 4 日	81.20 点	4 月 11 日	75.58 点
	9 月 10 日	83.88 点	4 月 20 日	79.73 点
	9 月 17 日	81.55 点	4 月 30 日	77.51 点
	9 月 25 日	86.02 点	5 月 15 日	84.04 点
	10 月 15 日	75.13 点	6 月 1 日	77.93 点
	10 月 20 日	79.80 点	6 月 26 日	83.02 点
	11 月 8 日	68.58 点	7 月 1 日	81.81 点
	11 月 12 日	70.65 点	7 月 6 日	83.20 点
	11 月 15 日	69.10 点	7 月 15 日	80.58 点
	11 月 26 日	74.03 点	7 月 18 日	82.92 点
	12 月 19 日	65.95 点	7 月 23 日	80.51 点
1918 年	1 月 2 日	76.68 点	7 月 26 日	81.51 点
	1 月 8 日	74.63 点	8 月 1 日	80.71 点
	1 月 10 日	76.33 点	8 月 10 日	82.04 点
	1 月 15 日	73.38 点	8 月 17 日	81.51 点
	1 月 31 日	79.80 点	9 月 3 日	83.84 点
	2 月 7 日	77.78 点	9 月 13 日	80.29 点
	2 月 19 日	82.08 点	10 月 4 日	85.31 点
	2 月 25 日	79.17 点	10 月 9 日	83.36 点
	2 月 27 日	80.50 点	10 月 18 日	89.09 点

（注：1918 年跨越两列，左列为 1917 年和 1918 年，右列为 1918 年）

续 表

时间		平均指数	时间		平均指数
1918 年	10 月 30 日	84.08 点		8 月 7 日	100.80 点
	11 月 9 日	88.06 点		8 月 12 日	105.10 点
	11 月 25 日	79.87 点		8 月 20 日	98.46 点
	12 月 10 日	84.50 点		9 月 3 日	108.55 点
	12 月 26 日	80.44 点		9 月 8 日	106.51 点
1919 年	1 月 3 日	83.35 点	1919 年	9 月 16 日	108.81 点
	1 月 11 日	81.66 点		9 月 20 日	104.99 点
	1 月 15 日	82.40 点		9 月 30 日	111.42 点
	1 月 21 日	79.88 点		10 月 3 日	108.90 点
	1 月 24 日	81.75 点		11 月 3 日	119.62 点
	2 月 8 日	79.15 点		11 月 12 日	107.15 点
	3 月 21 日	89.05 点		11 月 13 日	110.69 点
	3 月 26 日	86.83 点		11 月 19 日	106.15 点
	4 月 9 日	91.01 点		11 月 25 日	109.02 点
	4 月 12 日	89.61 点		11 月 29 日	103.60 点
	5 月 14 日	100.37 点		12 月 4 日	107.97 点
	5 月 19 日	99.16 点		12 月 12 日	103.73 点
	6 月 5 日	107.55 点		12 月 17 日	107.26 点
	6 月 16 日	99.56 点		12 月 22 日	103.55 点
	6 月 21 日	106.45 点	1920 年	1 月 3 日	109.88 点
	6 月 24 日	104.58 点		1 月 16 日	101.94 点
	7 月 14 日	112.23 点		1 月 20 日	103.48 点
	7 月 21 日	107.24 点		1 月 23 日	101.90 点
	7 月 26 日	111.10 点		1 月 30 日	104.21 点

续 表

时间		平均指数	时间		平均指数
	2 月 11 日	90.66 点		9 月 30 日	82.95 点
	2 月 21 日	95.63 点		10 月 6 日	85.60 点
	2 月 25 日	89.98 点		10 月 11 日	84.00 点
	3 月 22 日	104.17 点		10 月 25 日	85.73 点
	3 月 24 日	100.33 点		10 月 28 日	84.61 点
	4 月 8 日	105.65 点	1920 年	11 月 1 日	85.48 点
	4 月 23 日	95.46 点		11 月 19 日	73.12 点
	4 月 26 日	97.20 点		11 月 23 日	77.20 点
	4 月 29 日	93.16 点		11 月 27 日	75.46 点
	5 月 8 日	94.75 点		12 月 4 日	77.63 点
	5 月 19 日	87.36 点		12 月 21 日	66.75 点
	6 月 12 日	93.20 点		1 月 11 日	76.14 点
1920 年	6 月 30 日	90.76 点		1 月 13 日	74.43 点
	7 月 8 日	94.51 点		1 月 19 日	76.76 点
	7 月 16 日	89.95 点		1 月 21 日	74.65 点
	7 月 22 日	90.74 点		1 月 29 日	76.34 点
	8 月 10 日	83.20 点		2 月 3 日	74.34 点
	8 月 13 日	85.89 点	1921 年	2 月 16 日	77.14 点
	8 月 17 日	83.90 点		2 月 24 日	74.66 点
	8 月 24 日	87.29 点		3 月 5 日	75.25 点
	8 月 31 日	86.16 点		3 月 11 日	72.25 点
	9 月 9 日	88.33 点		3 月 23 日	77.78 点
	9 月 13 日	86.96 点		4 月 4 日	75.16 点
	9 月 17 日	89.75 点		4 月 6 日	76.58 点

续　表

时间		平均指数	时间		平均指数
	4月8日	75.61点		2月21日	85.81点
	5月5日	80.03点		2月27日	84.58点
	6月20日	64.90点		3月18日	88.47点
	7月6日	69.86点		3月27日	86.60点
	7月15日	67.25点		4月22日	93.46点
	7月25日	69.80点		4月27日	91.10点
	8月16日	65.27点		5月3日	93.81点
	8月24日	63.90点		5月11日	91.50点
	9月10日	71.92点		5月29日	96.41点
1921年	9月20日	69.43点		6月12日	90.73点
	10月1日	71.68点		6月20日	93.51点
	10月6日	70.42点		6月29日	92.06点
	10月11日	71.06点	1922年	7月20日	96.76点
	10月17日	69.46点		7月24日	94.64点
	11月16日	77.13点		8月22日	100.75点
	11月22日	76.21点		8月28日	99.21点
	12月15日	81.50点		9月11日	102.05点
	12月22日	78.76点		9月21日	98.37点
	12月31日	81.10点		9月23日	99.10点
	1月5日	78.68点		9月30日	96.30点
	1月20日	82.95点		10月14日	103.43点
1922年	1月31日	81.30点		10月31日	96.11点
	2月6日	83.70点		11月8日	99.53点
	2月8日	82.74点		11月14日	93.11点

时间		平均指数	时间		平均指数
1922 年	11 月 20 日	95.82 点		6 月 23 日	93.30 点
	11 月 27 日	92.03 点		6 月 30 日	87.85 点
1923 年	1 月 3 日	99.42 点		7 月 7 日	89.41 点
	1 月 9 日	97.23 点		7 月 12 日	87.64 点
	1 月 13 日	99.09 点		7 月 20 日	91.72 点
	1 月 16 日	96.96 点		7 月 31 日	86.91 点
	2 月 21 日	103.59 点		8 月 18 日	92.32 点
	2 月 26 日	102.40 点		8 月 25 日	91.59 点
	3 月 7 日	105.23 点		8 月 29 日	93.70 点
	3 月 10 日	103.82 点		9 月 4 日	92.25 点
	3 月 20 日	105.38 点	1923 年	9 月 11 日	93.61 点
	4 月 4 日	101.40 点		9 月 25 日	87.94 点
	4 月 7 日	102.56 点		10 月 3 日	90.45 点
	4 月 11 日	101.08 点		10 月 16 日	86.91 点
	4 月 19 日	102.58 点		10 月 20 日	87.83 点
	4 月 23 日	100.73 点		10 月 27 日	85.76 点
	4 月 26 日	101.37 点		11 月 10 日	91.39 点
	5 月 7 日	95.41 点		11 月 17 日	89.65 点
	5 月 9 日	98.19 点		11 月 26 日	92.88 点
	5 月 21 日	92.77 点		11 月 30 日	92.34 点
	5 月 29 日	97.66 点		12 月 17 日	95.26 点
	6 月 1 日	95.36 点		12 月 22 日	93.63 点
	6 月 6 日	97.24 点	1924 年	1 月 14 日	95.68 点
	6 月 20 日	90.81 点		2 月 6 日	101.31 点

续 表

时间		平均指数	时间		平均指数
	2月18日	96.33点		9月29日	102.96点
	3月14日	98.86点		10月1日	104.08点
	3月29日	92.28点	1924年	10月14日	99.18点
	4月4日	94.69点		11月18日	110.73点
	4月14日	89.91点		11月22日	109.55点
	4月17日	91.34点		1月13日	123.56点
	4月21日	89.18点		1月16日	121.71点
	5月7日	92.47点		1月22日	123.60点
	5月14日	88.77点		1月26日	121.90点
	5月24日	90.66点		1月31日	123.22点
	5月29日	89.90点		2月3日	120.08点
	6月3日	91.23点		2月9日	122.37点
1924年	6月7日	89.52点		2月16日	117.96点
	6月16日	93.80点		3月6日	125.68点
	6月23日	92.65点	1925年	3月10日	122.62点
	7月12日	97.60点		3月12日	124.60点
	7月17日	96.85点		3月18日	118.25点
	8月4日	103.28点		3月20日	120.91点
	8月12日	101.58点		3月30日	115.00点
	8月20日	105.57点		4月18日	122.02点
	8月28日	102.67点		4月27日	119.46点
	8月30日	105.16点		5月7日	125.16点
	9月6日	100.76点		5月13日	124.21点
	9月24日	104.68点		6月2日	130.42点

续　表

时间		平均指数	时间		平均指数
	6 月 10 日	126.75 点		2 月 8 日	159.10 点
	6 月 17 日	129.80 点		2 月 11 日	162.31 点
	6 月 23 日	127.17 点		2 月 15 日	158.30 点
	7 月 8 日	133.07 点		2 月 18 日	161.09 点
	7 月 11 日	131.43 点		3 月 3 日	144.44 点
	7 月 27 日	136.50 点		3 月 12 日	153.13 点
	7 月 31 日	133.81 点		3 月 30 日	135.20 点
	8 月 25 日	143.18 点		4 月 6 日	142.43 点
	9 月 2 日	137.22 点		4 月 16 日	136.27 点
	9 月 19 日	147.73 点		4 月 24 日	144.83 点
1925 年	9 月 30 日	143.46 点		5 月 3 日	140.53 点
	11 月 6 日	159.39 点		5 月 6 日	142.13 点
	11 月 10 日	151.60 点	1926 年	5 月 19 日	137.16 点
	11 月 13 日	157.76 点		6 月 21 日	154.03 点
	11 月 24 日	148.18 点		6 月 26 日	150.68 点
	12 月 5 日	154.63 点		7 月 17 日	158.81 点
	12 月 9 日	152.57 点		7 月 24 日	154.59 点
	12 月 14 日	154.70 点		8 月 14 日	166.64 点
	12 月 21 日	152.35 点		8 月 25 日	160.41 点
	12 月 24 日	157.01 点		9 月 7 日	166.10 点
	12 月 30 日	155.81 点		9 月 20 日	156.26 点
	1 月 9 日	159.10 点		9 月 25 日	159.27 点
1926 年	1 月 19 日	153.81 点		9 月 29 日	157.71 点
	2 月 4 日	160.53 点		10 月 1 日	159.69 点

续　表

时间		平均指数	时间		平均指数
1926 年	10 月 11 日	149.35 点	1927 年	6 月 6 日	171.13 点
	10 月 14 日	152.10 点		6 月 14 日	167.63 点
	10 月 19 日	145.66 点		6 月 16 日	170.15 点
	10 月 27 日	151.87 点		6 月 27 日	165.73 点
	10 月 30 日	150.38 点		8 月 2 日	185.55 点
	11 月 16 日	156.53 点		8 月 12 日	177.13 点
	11 月 19 日	152.86 点		9 月 7 日	197.75 点
	12 月 18 日	161.86 点		9 月 12 日	194.00 点
1927 年	1 月 10 日	156.56 点		9 月 15 日	198.97 点
	1 月 17 日	153.91 点		9 月 28 日	194.11 点
	1 月 21 日	155.51 点		10 月 3 日	199.78 点
	1 月 25 日	152.73 点		10 月 10 日	189.03 点
	2 月 1 日	156.26 点		10 月 13 日	190.45 点
	2 月 7 日	154.31 点		10 月 22 日	179.78 点
	2 月 28 日	161.96 点		10 月 25 日	185.31 点
	3 月 7 日	158.62 点		10 月 29 日	180.32 点
	3 月 17 日	161.78 点		11 月 23 日	197.10 点
	3 月 22 日	158.41 点		11 月 28 日	194.80 点
	4 月 22 日	167.36 点		12 月 3 日	197.34 点
	4 月 28 日	163.53 点		12 月 8 日	193.58 点
	5 月 21 日	172.06 点		12 月 20 日	200.93 点
	5 月 24 日	171.06 点		12 月 28 日	198.60 点
	5 月 28 日	172.56 点	1928 年	1 月 3 日	203. 35 点
	6 月 3 日	169.65 点		1 月 10 日	197.52 点

续 表

时间		平均指数	时间		平均指数
	1 月 13 日	199.51 点		9 月 12 日	241.48 点
	1 月 18 日	194.50 点		9 月 27 日	236.86 点
	1 月 24 日	201.01 点		10 月 1 日	242.46 点
	2 月 3 日	196.30 点		10 月 3 日	233.60 点
	2 月 9 日	199.35 点		10 月 5 日	243.08 点
	2 月 20 日	191.33 点		10 月 9 日	236.79 点
	3 月 20 日	214.45 点		10 月 19 日	259.19 点
	4 月 10 日	209.23 点	1928 年	10 月 22 日	250.08 点
	4 月 13 日	216.93 点		10 月 24 日	260.39 点
	4 月 23 日	207.94 点		10 月 31 日	248.96 点
	5 月 14 日	220.88 点		11 月 28 日	299.35 点
	5 月 22 日	211.73 点		12 月 3 日	283.89 点
1928 年	6 月 2 日	220.96 点		12 月 4 日	295.61 点
	6 月 12 日	202.65 点		12 月 10 日	254.36 点
	6 月 14 日	210.76 点		12 月 31 日	301.61 点
	6 月 18 日	201.96 点		1 月 3 日	311.46 点
	7 月 5 日	214.43 点		1 月 8 日	292.89 点
	7 月 11 日	206.43 点		1 月 25 日	319.36 点
	7 月 14 日	207.77 点		1 月 30 日	308.47 点
	7 月 16 日	205.10 点	1929 年	2 月 1 日	324.16 点
	8 月 7 日	218.06 点		2 月 8 日	298.03 点
	8 月 14 日	214.08 点		2 月 13 日	316.06 点
	8 月 31 日	240.41 点		2 月 18 日	293.40 点
	9 月 10 日	238.82 点		3 月 1 日	324.40 点

续 表

时间		平均指数	时间		平均指数
	3月6日	302.93点		9月13日	359.70点
	3月15日	322.75点		9月19日	375.20点
	3月26日	281.51点		10月4日	320.45点
	4月5日	307.97点		10月11日	358.77点
	4月10日	295.71点		10月21日	314.55点
	4月23日	320.10点		10月23日	329.94点
	4月26日	311.00点		10月24日	272.32点
	5月6日	331.01点		10月25日	306.02点
	5月13日	313.56点		10月29日	212.33点
	5月17日	325.64点		10月31日	281.54点
	5月31日	290.02点	1929年	11月7日	217.84点
	6月7日	312.00点		11月8日	245.28点
1929年	6月11日	301.22点		11月13日	195.35点
	7月8日	350.09点		11月20日	250.75点
	7月11日	340.12点		11月27日	233.39点
	7月12日	350.26点		12月9日	267.56点
	7月16日	339.98点		12月13日	239.58点
	7月19日	349.19点		12月14日	254.41点
	7月22日	339.32点		12月20日	227.20点
	7月24日	350.30点		12月27日	246.35点
	7月29日	336.36点		12月30日	235.95点
	8月5日	358.66点		1月2日	252.29点
	8月9日	336.13点	1930年	1月7日	243.80点
	9月3日	386.10点		1月16日	253.49点

时间	平均指数		时间	平均指数
	1 月 18 日	243.37 点		7 月 21 日	228.72 点
	2 月 5 日	274.01 点		7 月 28 日	243.65 点
	2 月 10 日	266.37 点		7 月 31 日	229.09 点
	2 月 13 日	275.00 点		8 月 5 日	240.95 点
	2 月 25 日	259.78 点		8 月 9 日	218.82 点
	3 月 10 日	279.40 点		9 月 2 日	242.77 点
	3 月 17 日	268.94 点		9 月 4 日	234.35 点
	4 月 11 日	296.35 点		9 月 10 日	247.10 点
	4 月 15 日	289.34 点		9 月 30 日	201.95 点
	4 月 16 日	297.25 点		10 月 3 日	216.89 点
	4 月 29 日	272.24 点		10 月 10 日	186.70 点
	4 月 30 日	283.51 点		10 月 15 日	201.64 点
1930 年	5 月 5 日	249.82 点	1930 年	10 月 18 日	183.63 点
	5 月 14 日	277.22 点		10 月 21 日	193.95 点
	5 月 20 日	260.76 点		10 月 22 日	181.53 点
	6 月 2 日	276.86 点		10 月 28 日	198.59 点
	6 月 12 日	241.00 点		11 月 10 日	168.32 点
	6 月 13 日	251.63 点		11 月 15 日	187.59 点
	6 月 18 日	212.27 点		11 月 18 日	177.63 点
	6 月 20 日	232.69 点		11 月 25 日	191.28 点
	6 月 25 日	207.74 点		11 月 28 日	178.88 点
	7 月 1 日	229.53 点		12 月 2 日	187.96 点
	7 月 8 日	214.64 点		12 月 17 日	154.45 点
	7 月 18 日	242.01 点		12 月 20 日	170.91 点

续 表

时间		平均指数	时间		平均指数
1930 年	12 月 29 日	158.41 点		7 月 15 日	134.39 点
	1 月 8 日	175.62 点		7 月 21 日	147.69 点
	1 月 19 日	160.09 点		7 月 25 日	137.69 点
	1 月 23 日	172.97 点		7 月 28 日	142.12 点
	1 月 29 日	164.81 点		7 月 31 日	133.70 点
	2 月 11 日	185.89 点		8 月 3 日	139.35 点
	2 月 14 日	178.20 点		8 月 6 日	132.55 点
	2 月 24 日	196.75 点		8 月 15 日	146.41 点
	3 月 6 日	178.46 点		8 月 24 日	135.62 点
	3 月 10 日	188.10 点		8 月 29 日	142.58 点
	3 月 13 日	175.89 点		9 月 21 日	104.79 点
	3 月 20 日	189.31 点	1931 年	9 月 23 日	117.75 点
1931 年	4 月 2 日	168.30 点		10 月 5 日	85.50 点
	4 月 6 日	174.69 点		10 月 9 日	108.98 点
	4 月 17 日	158.50 点		10 月 14 日	96.01 点
	4 月 20 日	164.42 点		10 月 21 日	109.69 点
	4 月 29 日	141.78 点		10 月 29 日	98.19 点
	5 月 1 日	153.82 点		11 月 9 日	119.15 点
	5 月 6 日	145.65 点		12 月 4 日	85.75 点
	5 月 9 日	156.17 点		12 月 7 日	92.60 点
	6 月 2 日	119.89 点		12 月 17 日	71.79 点
	6 月 27 日	157.93 点		12 月 19 日	83.09 点
	7 月 1 日	147.44 点		12 月 28 日	72.41 点
	7 月 3 日	156.74 点		12 月 31 日	79.92 点

时间	平均指数	时间	平均指数
1月5日	69.85点	8月13日	60.89点
1月14日	87.78点	8月17日	70.50点
1月23日	77.09点	8月20日	65.99点
1月26日	80.79点	9月8日	81.39点
1月29日	74.19点	9月15日	64.27点
2月2日	80.74点	9月22日	76.01点
2月10日	70.64点	10月10日	57.67点
2月19日	89.84点	10月20日	66.13点
2月24日	79.57点	10月26日	59.03点
3月9日	89.88点	1932年 / 10月29日	63.67点
4月8日	61.98点	11月3日	57.21点
4月9日	66.81点	11月12日	68.87点
1932年 / 5月4日	52.33点	11月17日	62.18点
5月7日	60.01点	11月21日	64.68点
5月16日	50.21点	12月3日	55.04点
5月20日	55.50点	12月15日	62.89点
6月2日	43.49点	12月23日	56.07点
6月6日	51.21点	12月30日	60.84点
6月9日	44.45点	1月3日	58.87点
6月16日	51.43点	1月11日	65.28点
7月8日	40.56点	1月18日	60.07点
7月16日	45.98点	1933年 / 1月26日	62.69点
7月19日	43.53点	2月6日	56.65点
8月8日	71.49点	2月9日	60.85点

续　表

时间		平均指数	时间		平均指数
	2 月 27 日	49.68 点		9 月 6 日	97.74 点
	3 月 16 日	64.56 点		9 月 18 日	107.68 点
	3 月 31 日	54.90 点		9 月 22 日	95.73 点
	4 月 20 日	75.20 点		9 月 26 日	100.23 点
	4 月 21 日	68.64 点		10 月 3 日	91.93 点
	4 月 24 日	74.84 点		10 月 9 日	100.58 点
	4 月 28 日	69.78 点	1933 年	10 月 21 日	82.20 点
	5 月 11 日	83.61 点		10 月 25 日	95.23 点
	5 月 15 日	79.06 点		10 月 31 日	86.50 点
	5 月 18 日	84.13 点		11 月 21 日	101.94 点
	5 月 22 日	78.61 点		11 月 28 日	95.31 点
	6 月 13 日	97.97 点		12 月 11 日	103.97 点
	6 月 17 日	89.10 点		12 月 20 日	93.70 点
1933 年	6 月 20 日	98.34 点		1 月 2 日	101.94 点
	6 月 23 日	91.69 点		1 月 8 日	96.26 点
	7 月 7 日	107.51 点		2 月 5 日	111.93 点
	7 月 12 日	101.87 点		2 月 10 日	103.08 点
	7 月 18 日	110.53 点		2 月 16 日	109.96 点
	7 月 21 日	84.45 点	1934 年	3 月 1 日	101.93 点
	7 月 27 日	97.28 点		3 月 3 日	106.37 点
	7 月 31 日	87.75 点		3 月 8 日	100.78 点
	8 月 10 日	100.14 点		3 月 13 日	104.89 点
	8 月 16 日	92.95 点		3 月 21 日	98.45 点
	8 月 26 日	105.60 点		3 月 26 日	102.67 点

续 表

时间		平均指数	时间		平均指数
	3 月 27 日	97.41 点	1934 年	12 月 20 日	98.93 点
	4 月 20 日	107.00 点		1 月 7 日	106.71 点
	5 月 14 日	89.10 点		1 月 15 日	99.54 点
	5 月 18 日	96.57 点		1 月 21 日	103.93 点
	5 月 23 日	92.23 点		1 月 29 日	100.24 点
	5 月 28 日	96.33 点		2 月 2 日	102.56 点
	6 月 2 日	90.85 点		2 月 6 日	99.95 点
	6 月 19 日	101.25 点		2 月 18 日	108.29 点
	7 月 3 日	94.25 点		2 月 27 日	101.27 点
	7 月 11 日	99.35 点		3 月 2 日	103.67 点
	7 月 26 日	84.58 点		3 月 18 日	96.00 点
	8 月 2 日	91.12 点		3 月 22 日	100.88 点
1934 年	8 月 6 日	86.32 点	1935 年	3 月 26 日	98.61 点
	8 月 13 日	92.56 点		4 月 25 日	111.52 点
	8 月 20 日	90.08 点		5 月 2 日	107.82 点
	8 月 25 日	96.00 点		5 月 16 日	117.30 点
	9 月 17 日	85.72 点		5 月 18 日	114.13 点
	9 月 27 日	94.02 点		5 月 28 日	117.62 点
	10 月 4 日	89.84 点		6 月 1 日	108.64 点
	10 月 17 日	96.36 点		6 月 24 日	121.30 点
	10 月 26 日	92.20 点		6 月 27 日	116.91 点
	11 月 26 日	103.51 点		7 月 9 日	123.34 点
	11 月 30 日	101.94 点		7 月 16 日	121.00 点
	12 月 6 日	104.23 点		7 月 31 日	127.04 点

续 表

时间		平均指数	时间	平均指数
	8 月 2 日	124.28 点	3 月 28 日	154.66 点
	8 月 14 日	128.94 点	4 月 6 日	163.07 点
	8 月 20 日	124.97 点	4 月 30 日	141.53 点
	8 月 27 日	129.97 点	5 月 15 日	152.43 点
	9 月 4 日	126.43 点	5 月 19 日	147.21 点
	9 月 11 日	135.05 点	6 月 1 日	154.02 点
	9 月 20 日	127.97 点	6 月 5 日	148.52 点
	10 月 1 日	133.19 点	6 月 24 日	161.15 点
1935 年	10 月 3 日	126.95 点	7 月 1 日	156.82 点
	10 月 28 日	142.08 点	7 月 3 日	159.13 点
	10 月 31 日	138.40 点	7 月 8 日	154.85 点
	11 月 8 日	145.40 点	7 月 28 日	168.23 点
	11 月 13 日	141.60 点	1936 年	8 月 3 日	164.61 点
	11 月 20 日	149.42 点	8 月 10 日	170.15 点
	12 月 2 日	140.38 点	8 月 21 日	160.52 点
	12 月 9 日	145.07 点	8 月 28 日	168.02 点
	12 月 16 日	138.91 点	9 月 1 日	165.24 点
	1 月 10 日	148.02 点	9 月 8 日	170.02 点
	1 月 21 日	142.77 点	9 月 17 日	164.82 点
	2 月 19 日	155.69 点	9 月 23 日	170.72 点
1936 年	2 月 26 日	149.08 点	9 月 25 日	165.91 点
	3 月 6 日	159.87 点	10 月 19 日	178.44 点
	3 月 13 日	149.65 点	10 月 26 日	172.16 点
	3 月 26 日	159.53 点	11 月 18 日	186.39 点

时间		平均指数	时间		平均指数
	11 月 23 日	177.91 点		6 月 14 日	163.73 点
	11 月 30 日	184.01 点		6 月 25 日	170.98 点
	12 月 2 日	179.66 点		6 月 29 日	166.11 点
1936 年	12 月 15 日	183.30 点		8 月 14 日	190.38 点
	12 月 21 日	175.31 点		8 月 28 日	175.33 点
	12 月 31 日	181.77 点		8 月 31 日	179.10 点
	1 月 4 日	176.96 点		9 月 13 日	154.94 点
	1 月 22 日	187.80 点		9 月 15 日	165.16 点
	1 月 27 日	182.15 点		9 月 24 日	146.22 点
	2 月 11 日	191.39 点		9 月 30 日	157.12 点
	2 月 24 日	185.15 点		10 月 6 日	141.63 点
	3 月 10 日	195.50 点	1937 年	10 月 7 日	150.47 点
	3 月 22 日	179.28 点		10 月 19 日	115.84 点
	3 月 31 日	187.99 点		10 月 21 日	137.82 点
1937 年	4 月 9 日	175.86 点		10 月 25 日	124.56 点
	4 月 13 日	183.43 点		10 月 29 日	141.22 点
	4 月 16 日	179.70 点		11 月 8 日	121.60 点
	4 月 22 日	184.33 点		11 月 12 日	135.70 点
	4 月 28 日	168.77 点		11 月 23 日	112.54 点
	5 月 5 日	176.81 点		12 月 8 日	131.15 点
	5 月 18 日	166.20 点		12 月 14 日	121.85 点
	5 月 24 日	176.25 点		12 月 21 日	130.76 点
	6 月 1 日	170.72 点		12 月 29 日	117.21 点
	6 月 5 日	175.66 点	1938 年	1 月 15 日	134.95 点

续 表

时间		平均指数	时间		平均指数
1938 年	1 月 28 日	118.94 点	1938 年	8 月 29 日	136.64 点
	2 月 2 日	125.00 点		9 月 7 日	143.42 点
	2 月 4 日	117.13 点		9 月 14 日	130.38 点
	2 月 23 日	132.86 点		9 月 21 日	140.20 点
	2 月 28 日	128.63 点		9 月 28 日	127.44 点
	3 月 1 日	131.03 点		10 月 24 日	155.38 点
	3 月 12 日	121.77 点		10 月 29 日	150.48 点
	3 月 15 日	127.44 点		11 月 10 日	158.90 点
	3 月 31 日	97.50 点		11 月 28 日	145.21 点
	4 月 18 日	121.54 点		12 月 1 日	150.20 点
	4 月 20 日	112.47 点		12 月 5 日	146.44 点
	4 月 23 日	119.21 点		12 月 15 日	153.16 点
	5 月 1 日	109.40 点		12 月 21 日	149.06 点
	5 月 10 日	120.28 点	1939 年	1 月 5 日	155.47 点
	5 月 27 日	106.44 点		1 月 13 日	146.03 点
	6 月 10 日	116.08 点		1 月 19 日	149.88 点
	6 月 14 日	111.54 点		1 月 26 日	136.10 点
	7 月 7 日	140.05 点		2 月 6 日	146.43 点
	7 月 12 日	133.84 点		2 月 10 日	142.70 点
	7 月 25 日	146.31 点		2 月 16 日	146.12 点
	7 月 28 日	139.51 点		2 月 21 日	142.05 点
	8 月 6 日	146.28 点		3 月 10 日	152.71 点
	8 月 12 日	135.38 点		3 月 22 日	138.42 点
	8 月 24 日	145.30 点		3 月 27 日	143.14 点

续 表

时间		平均指数	时间		平均指数
	4月11日	120.04点	1939年	11月10日	147.74点
	4月15日	130.19点		11月20日	152.58点
	4月18日	124.81点		11月30日	144.85点
	4月28日	131.42点		12月7日	149.57点
	5月1日	127.53点		12月12日	146.43点
	5月10日	134.66点		12月15日	150.11点
	5月17日	128.35点		12月19日	148.35点
	6月9日	140.75点		12月27日	147.66点
	6月16日	133.79点	1940年	1月3日	153.29点
	6月21日	138.04点		1月15日	143.06点
	6月30日	128.97点		1月25日	147.29点
1939年	7月25日	145.72点		2月5日	144.69点
	8月11日	136.38点		2月9日	150.04点
	8月15日	142.35点		2月26日	145.81点
	8月24日	128.60点		3月12日	149.45点
	8月30日	138.07点		3月18日	145.08点
	9月1日	127.51点		4月8日	152.07点
	9月13日	157.77点		4月19日	145.86点
	9月18日	147.35点		4月24日	149.45点
	9月20日	154.96点		5月3日	146.42点
	10月4日	148.73点		5月8日	148.70点
	10月18日	155.28点		5月21日	110.61点
	10月20日	152.55点		5月23日	117.84点
	10月26日	155.95点		5月28日	110.51点

续　表

时间		平均指数	时间		平均指数
	6 月 3 日	116.44 点		12 月 2 日	131.96 点
	6 月 10 日	110.41 点	1940 年	12 月 5 日	129.54 点
	6 月 18 日	125.31 点		12 月 13 日	133.00 点
	6 月 26 日	118.67 点		12 月 23 日	127.83 点
	6 月 28 日	124.42 点		1 月 10 日	134.27 点
	7 月 3 日	120.14 点		2 月 4 日	122.29 点
	7 月 17 日	123.91 点		2 月 10 日	125.13 点
	7 月 25 日	121.19 点		2 月 19 日	117.43 点
	7 月 31 日	127.18 点		2 月 26 日	122.90 点
	8 月 7 日	124.61 点		3 月 5 日	119.98 点
	8 月 12 日	127.55 点		3 月 19 日	124.35 点
	8 月 16 日	120.90 点		3 月 24 日	121.82 点
1940 年	8 月 22 日	126.97 点		4 月 4 日	125.28 点
	8 月 27 日	124.95 点		4 月 23 日	115.33 点
	9 月 5 日	134.54 点		4 月 29 日	117.48 点
	9 月 13 日	127.22 点	1941 年	5 月 1 日	114.78 点
	9 月 24 日	135.48 点		5 月 13 日	117.93 点
	9 月 27 日	131.38 点		5 月 16 日	115.39 点
	10 月 3 日	135.86 点		5 月 21 日	118.45 点
	10 月 15 日	129.47 点		5 月 26 日	115.33 点
	10 月 23 日	132.79 点		6 月 23 日	125.14 点
	10 月 28 日	130.96 点		7 月 1 日	122.54 点
	11 月 8 日	138.50 点		7 月 9 日	128.77 点
	11 月 28 日	129.13 点		7 月 17 日	126.75 点

时间		平均指数	时间		平均指数
	7 月 22 日	131.10 点		1 月 27 日	111.20 点
	7 月 25 日	127.74 点		2 月 11 日	106.00 点
	7 月 28 日	130.37 点		2 月 16 日	107.96 点
	8 月 15 日	124.50 点		2 月 20 日	104.78 点
	9 月 2 日	128.62 点		3 月 3 日	107.16 点
	9 月 11 日	126.31 点		3 月 12 日	98.32 点
	9 月 18 日	130.25 点		3 月 18 日	102.73 点
	9 月 25 日	125.33 点		3 月 31 日	99.25 点
	9 月 30 日	127.31 点		4 月 7 日	102.50 点
1941 年	10 月 17 日	117.88 点		4 月 17 日	95.80 点
	10 月 24 日	121.69 点		4 月 21 日	98.02 点
	10 月 31 日	117.40 点		4 月 28 日	92.69 点
	11 月 5 日	120.34 点	1942 年	5 月 11 日	99.49 点
	11 月 13 日	114.91 点		5 月 14 日	96.39 点
	11 月 24 日	118.19 点		5 月 21 日	100.21 点
	12 月 1 日	113.06 点		5 月 25 日	98.68 点
	12 月 4 日	117.54 点		6 月 9 日	106.34 点
	12 月 10 日	106.87 点		6 月 12 日	103.27 点
	12 月 16 日	112.30 点		6 月 18 日	106.63 点
	12 月 24 日	105.52 点		6 月 25 日	101.94 点
	1 月 6 日	114.96 点		7 月 9 日	109.26 点
	1 月 12 日	110.10 点		7 月 14 日	107.40 点
1942 年	1 月 14 日	113.29 点		7 月 16 日	109.21 点
	1 月 22 日	108.30 点		7 月 24 日	105.84 点

续　表

时间		平均指数	时间		平均指数
	7月27日	106.97点		3月4日	131.20点
	8月7日	104.50点		3月10日	128.49点
	8月19日	107.88点		3月12日	131.39点
	8月26日	105.37点		3月22日	128.67点
	9月8日	107.88点		4月6日	137.45点
	9月11日	105.58点		4月13日	129.79点
	10月13日	115.80点		5月10日	139.30点
	10月16日	112.71点		5月14日	136.13点
	10月21日	116.01点		5月20日	140.09点
1942年	10月28日	112.57点		5月25日	138.06点
	11月9日	118.18点		6月5日	143.19点
	11月18日	114.12点	1943年	6月15日	138.51点
	11月21日	115.65点		7月15日	146.41点
	11月25日	113.55点		8月2日	133.87点
	12月18日	119.76点		8月19日	138.83点
	12月22日	118.09点		8月23日	134.40点
	12月28日	119.96点		9月10日	138.26点
	12月29日	117.30点		9月14日	137.24点
	1月4日	120.82点		9月20日	142.50点
	1月7日	118.84点		10月7日	136.01点
1943年	2月2日	126.38点		10月20日	139.21点
	2月4日	124.69点		10月25日	137.88点
	2月15日	129.15点		10月28日	139.74点
	2月19日	125.82点		11月9日	130.84点

续 表

时间		平均指数	时间		平均指数
1943 年	11 月 12 日	133.07 点		8 月 18 日	149.28 点
	11 月 17 日	129.86 点		8 月 25 日	146.42 点
	11 月 20 日	133.15 点		8 月 30 日	147.69 点
	11 月 30 日	128.94 点		9 月 7 日	142.53 点
1944 年	1 月 11 日	138.89 点	1944 年	9 月 26 日	147.08 点
	1 月 13 日	136.99 点		9 月 28 日	145.67 点
	1 月 17 日	138.60 点		10 月 6 日	149.20 点
	1 月 28 日	136.65 点		10 月 10 日	147.67 点
	2 月 1 日	137.69 点		10 月 18 日	149.18 点
	2 月 7 日	134.10 点		10 月 27 日	145.33 点
	2 月 17 日	136.77 点		11 月 10 日	148.39 点
	2 月 21 日	135.52 点		11 月 16 日	145.17 点
	3 月 16 日	141.43 点		12 月 16 日	153.00 点
	3 月 29 日	136.98 点		12 月 27 日	147.93 点
	4 月 10 日	139.45 点	1945 年	1 月 11 日	156.68 点
	4 月 25 日	134.75 点		1 月 24 日	150.53 点
	5 月 12 日	139.38 点		2 月 21 日	160.17 点
	5 月 16 日	138.23 点		2 月 26 日	157.45 点
	6 月 20 日	149.15 点		3 月 6 日	162.22 点
	6 月 24 日	147.12 点		3 月 9 日	155.96 点
	7 月 10 日	150.88 点		3 月 16 日	159.42 点
	7 月 24 日	145.26 点		3 月 26 日	151.74 点
	8 月 2 日	147.07 点		5 月 8 日	167.25 点
	8 月 9 日	144.48 点		5 月 11 日	162.60 点

续 表

时间		平均指数	时间	平均指数
	5 月 31 日	169.50 点	3 月 9 日	194.70 点
	6 月 12 日	165.89 点	3 月 13 日	188.86 点
	6 月 26 日	169.55 点	3 月 26 日	201.85 点
	7 月 6 日	163.47 点	3 月 29 日	198.23 点
	7 月 10 日	167.79 点	4 月 10 日	208.93 点
	7 月 27 日	159.95 点	4 月 15 日	204.57 点
	8 月 10 日	166.54 点	4 月 18 日	209.36 点
	8 月 21 日	162.28 点	4 月 25 日	203.09 点
1945 年	9 月 13 日	179.33 点	4 月 30 日	207.23 点
	9 月 17 日	173.30 点	5 月 6 日	199.26 点
	10 月 18 日	187.55 点	5 月 29 日	213.36 点
	10 月 30 日	182.98 点	6 月 12 日	207.50 点
	11 月 8 日	192.75 点	1946 年 6 月 17 日	211.46 点
	11 月 14 日	182.75 点	6 月 21 日	198.98 点
	11 月 17 日	192.66 点	7 月 1 日	208.59 点
	11 月 24 日	185.83 点	7 月 16 日	199.48 点
	12 月 10 日	196.59 点	7 月 18 日	203.46 点
	12 月 20 日	187.51 点	7 月 24 日	194.33 点
	1 月 17 日	205.03 点	8 月 14 日	205.01 点
	1 月 21 日	195.52 点	9 月 4 日	173.64 点
1946 年	2 月 4 日	207.49 点	9 月 6 日	181.67 点
	2 月 13 日	197.65 点	9 月 10 日	166.56 点
	2 月 16 日	205.35 点	9 月 16 日	176.26 点
	2 月 26 日	184.04 点	9 月 19 日	164.09 点

续　表

时间		平均指数	时间		平均指数
	9 月 26 日	175.45 点		5 月 5 日	175.08 点
	10 月 10 日	161.61 点		5 月 19 日	161.50 点
	10 月 16 日	177.05 点		6 月 23 日	178.08 点
	10 月 30 日	160.49 点		6 月 25 日	173.93 点
	11 月 6 日	175.00 点		7 月 14 日	187.50 点
	11 月 22 日	162.29 点		7 月 18 日	182.51 点
1946 年	11 月 30 日	170.66 点		7 月 25 日	187.66 点
	12 月 3 日	166.20 点		7 月 30 日	179.77 点
	12 月 10 日	177.21 点		8 月 1 日	184.38 点
	12 月 13 日	172.57 点		8 月 11 日	178.22 点
	12 月 23 日	178.54 点		8 月 15 日	181.58 点
	12 月 27 日	173.88 点		8 月 26 日	176.54 点
	1 月 7 日	179.24 点	1947 年	9 月 2 日	180.56 点
	1 月 16 日	170.13 点		9 月 9 日	174.02 点
	2 月 10 日	184. 96 点		9 月 17 日	179.37 点
	2 月 26 日	176.34 点		9 月 26 日	174.02 点
	3 月 6 日	182. 48 点		10 月 20 日	186.24 点
	3 月 15 日	171.97 点		10 月 24 日	181.55 点
1947 年	3 月 24 日	177.61 点		10 月 29 日	184.70 点
	3 月 26 日	174.11 点		11 月 6 日	180.61 点
	3 月 28 日	179.68 点		11 月 10 日	182.70 点
	4 月 15 日	165.39 点		11 月 17 日	179.57 点
	4 月 23 日	171.71 点		11 月 21 日	183.97 点
	4 月 29 日	167.42 点		12 月 6 日	175.44 点

续　表

时间		平均指数	时间		平均指数
1947 年	12 月 22 日	181.78 点		9 月 7 日	185.50 点
	12 月 29 日	177.93 点		9 月 21 日	176.50 点
1948 年	1 月 5 日	181.69 点		9 月 24 日	179.50 点
	1 月 14 日	176.50 点		9 月 27 日	175.50 点
	1 月 17 日	177.59 点		10 月 26 日	190.50 点
	1 月 26 日	170.70 点		10 月 29 日	186.50 点
	2 月 2 日	176.05 点	1948 年	11 月 1 日	190.00 点
	2 月 11 日	164.04 点		11 月 10 日	172.10 点
	2 月 17 日	169.23 点		11 月 19 日	178.00 点
	2 月 20 日	166.38 点		11 月 30 日	170.50 点
	3 月 3 日	169.28 点		12 月 13 日	178.50 点
	3 月 17 日	165.03 点		12 月 17 日	175.50 点
	4 月 23 日	184.48 点		12 月 30 日	179.25 点
	4 月 29 日	179.33 点		1 月 3 日	174.50 点
	5 月 15 日	191.39 点		1 月 7 日	182.50 点
	5 月 19 日	187.46 点		1 月 17 日	177.75 点
	6 月 14 日	194.49 点		1 月 24 日	182.50 点
	6 月 28 日	186.44 点		1 月 27 日	177.50 点
	7 月 12 日	192.50 点	1949 年	2 月 3 日	180.75 点
	7 月 19 日	179.50 点		2 月 11 日	171.00 点
	7 月 28 日	187.00 点		2 月 16 日	175.50 点
	7 月 30 日	180.00 点		2 月 25 日	170.50 点
	8 月 5 日	184.50 点		3 月 14 日	177.75 点
	8 月 11 日	176.50 点		3 月 23 日	174.50 点

续　表

时间		平均指数	时间		平均指数
1949 年	3 月 30 日	179.15 点	1949 年	5 月 10 日	173.50 点
	4 月 7 日	175.25 点		5 月 17 日	176.25 点
	4 月 18 日	177.50 点		6 月 14 日	160.62 点
	4 月 22 日	172.50 点		7 月 19 日	175.00 点
	5 月 5 日	177.25 点			

平均指数 9 点及 9 点以上的走势图

　　绘制这种走势图时，如果股市正在上涨，走势图上的趋势线也应该持续向上攀升，直至出现 9 点或 9 点以上的调整性下跌。同理，当股市处于下跌行情中时，走势图上的趋势线也应该向下移动，直到出现 9 点或 9 点以上的反弹。在 9 点摆动图上，这就是趋势线出现反转的地方。在某些特殊的情况下，如股市即将见顶或触底，或是股市趋势发生重要变化的信号出现时，股指的波动幅度往往会小于 9 点，投资者需要将这些波动都记录下来。

　　投资者通过研究这种走势图，就会了解幅度为 1 ～ 9 点的股市震荡的出现频率。接下来需要关注的重要时间周期就是 18 ～ 20 点的股市行情；然后是 30 点左右的股市行情，再就是 45 点左右的股市行情，最后是 50 ～ 52 点的股市行情。研究这些记录，能帮助投资者更加准确地判断股市大盘长线波动的未来趋势，对于长期投资非常有用。根据现行的所得税法，要进行交易，投资者就必须持有股票6个月甚至更长时间。所以，投资者必须学习如何长期投资。

在下面表格中①，字母"A"后面的数字表示的是平均指数上涨的点数，字母"D"后面的数字表示的是从上一个最高点下跌的点数。

1912～1949年道琼斯30种工业股平均指数9点及9点以上走势

年份	日期	点数	涨跌	点数
1912年	10月8日	94.12点	—	—
1913年	6月11日	72.11点	D	22.01点
	9月13日	83.43点	A	11.32点
	12月15日	75.27点	D	8.16点
1914年	3月20日	83.43点	A	8.16点
	12月24日	53.17点	D	30.26点
1915年	4月30日	71.78点	A	18.61点
	5月14日	60.38点	D	11.40点
	12月27日	99.21点	A	38.83点
1916年	7月13日	86.42点	D	12.79点
	11月21日	110.15点	A	23.73点
	12月21日	90.16点	D	19.99点
1917年	1月2日	99.18点	A	9.02点
	2月2日	87.01点	D	12.17点
	6月9日	99.08点	A	12.07点
	12月19日	65.95点	D	33.13点

① 原著中没有这一表格——译者注。

续　表

年份	日期	点数	涨跌	点数
1918 年	10 月 18 日	89.09 点	A	23.14 点
1919 年	2 月 8 日	79.15 点	D	9.94 点
	7 月 14 日	112.23 点	A	33.08 点
	8 月 20 日	98.46 点	D	13.77 点
	11 月 3 日	119.62 点	A	21.16 点
	11 月 29 日	103.60 点	D	16.02 点
1920 年	1 月 3 日	109.88 点	A	6.28 点
	2 月 25 日	89.98 点	D	19.90 点
	4 月 8 日	105.65 点	A	15.67 点
	5 月 19 日	87.36 点	D	18.29 点
	7 月 8 日	94.51 点	A	7.15 点
	8 月 10 日	83.20 点	D	11.31 点
	9 月 17 日	89.75 点	A	6.55 点
	12 月 21 日	66.75 点	D	23.00 点
1921 年	5 月 5 日	80.03 点	A	13.28 点
	6 月 20 日	64.90 点	D	15.13 点
	7 月 6 日	69.86 点	A	4.96 点
	8 月 24 日	63.90 点	D	5.96 点
1922 年	10 月 14 日	103.43 点	A	39.53 点
	11 月 14 日	93.11 点	D	10.32 点
1923 年	3 月 20 日	105.38 点	A	12.27 点
	10 月 27 日	85.76 点	D	19.62 点

年份	日期	点数	涨跌	点数
1924 年	2 月 6 日	101.31 点	A	15.55 点
	5 月 14 日	88.77 点	D	12.54 点
	8 月 20 日	105.57 点	A	16.80 点
	10 月 14 日	99.18 点	D	6.39 点
1925 年	1 月 22 日	123.60 点	A	24.42 点
	2 月 16 日	117.96 点	D	5.64 点
	3 月 6 日	125.68 点	A	7.72 点
	3 月 30 日	115.00 点	D	10.68 点
	4 月 18 日	122.02 点	A	7.02 点
	4 月 27 日	119.46 点	D	2.56 点
	11 月 6 日	159.39 点	A	39.93 点
	11 月 24 日	148.18 点	D	11.21 点
1926 年	2 月 11 日	162.31 点	A	14.13 点
	3 月 3 日	144.44 点	D	17.87 点
	3 月 12 日	153.13 点	A	8.69 点
	3 月 30 日	135.20 点	D	17.93 点
	4 月 24 日	144.83 点	A	9.63 点
	5 月 19 日	137.16 点	D	7.67 点
	8 月 24 日	166.64 点	A	29.48 点
	10 月 19 日	145.66 点	D	20.98 点
	12 月 18 日	161.86 点	A	16.20 点
1927 年	1 月 25 日	152.73 点	D	9.13 点
	5 月 28 日	172.56 点	A	19.83 点
	6 月 27 日	165.73 点	D	6.83 点

续　表

年份	日期	点数	涨跌	点数
1927 年	10 月 3 日	199.78 点	A	34.05 点
	10 月 22 日	179.78 点	D	20.00 点
1928 年①	1 月 3 日	203.35 点	A	23.57 点
	1 月 18 日	194.50 点	D	8.85 点
	1 月 24 日	201.01 点	A	6.51 点
	2 月 20 日	191.33 点	D	9.68 点
	3 月 20 日	214.45 点	A	23.12 点
	4 月 23 日	207.94 点	D	6.51 点
	5 月 14 日	220.88 点	A	12.94 点
	5 月 22 日	211.73 点	D	9.15 点
	6 月 2 日	220.96 点	A	9.23 点
	6 月 12 日	202.65 点	D	18.31 点
	6 月 14 日	210.76 点	A	8.11 点
	6 月 18 日	201.96 点	D	8.80 点
	7 月 5 日	214.43 点	A	12.47 点
	7 月 16 日	205.10 点	D	9.33 点
	10 月 1 日	242.46 点	A	37.36 点
	10 月 3 日	233.60 点	D	8.86 点
	10 月 19 日	259.19 点	A	25.59 点
	10 月 22 日	250.08 点	D	9.11 点

① 注意：1928 年 12 月 10 日的点数，由股指 11 月 28 日最高位 299.35 点下跌了 44.99 点后所得。根据之前总结的股市规则可知，股指在波动 45 点后，通常会形成一个阻力位，因此，投资者可以在此时买入股票回补空仓，等待股市反弹。

续　表

年份	日期	点数	涨跌	点数
1928 年	10 月 24 日	260.39 点	A	10.31 点
	10 月 31 日	248.96 点	D	11.43 点
	11 月 28 日	299.35 点	A	50.39 点
	12 月 3 日	283.89 点	D	15.46 点
	12 月 4 日	295.61 点	A	11.72 点
	12 月 10 日	254.36 点	D	41.25 点
1929 年	1 月 3 日	311.46 点	A	57.10 点
	1 月 8 日	292.89 点	D	18.57 点
	1 月 25 日	319.86 点	A	26.97 点
	1 月 30 日	308.47 点	D	11.39 点
	2 月 1 日	324.16 点	A	15.69 点
	2 月 8 日	298.03 点	D	26.13 点
	2 月 13 日	316.06 点	A	18.03 点
	2 月 18 日	293.40 点	D	22.66 点
	3 月 1 日	324.40 点	A	31.00 点
	3 月 6 日	302.93 点	D	21.47 点
	3 月 15 日	322.75 点	A	19.82 点
	3 月 26 日	281.51 点	D	41.24 点
	3 月 28 日	311.13 点	A	29.62 点
	4 月 1 日	294.11 点	D	17.02 点
	4 月 5 日	307.97 点	A	13.86 点
	4 月 10 日	295.71 点	D	12.26 点
	4 月 23 日	320.10 点	A	24.39 点
	4 月 26 日	311.00 点	D	9.10 点

年份	日期	点数	涨跌	点数
1929 年	5 月 6 日	331.01 点	A	20.01 点
	5 月 9 日	317.09 点	D	13.92 点
	5 月 11 日	328.01 点	A	10.92 点
	5 月 13 日	313.56 点	D	14.45 点
	5 月 15 日	324.38 点	A	10.82 点
	5 月 16 日	314.51 点	D	9.87 点
	5 月 17 日	325.64 点	A	11.13 点
	5 月 23 日	300.52 点	D	25.12 点
	5 月 24 日	313.30 点	A	12.78 点
	5 月 27 日	291.80 点	D	21.50 点
	5 月 29 日	302.32 点	A	10.52 点
	5 月 31 日	290.02 点	D	12.30 点
	6 月 7 日	312.00 点	A	21.98 点
	6 月 11 日	301.22 点	D	10.78 点
	6 月 18 日	323.30 点	A	22.08 点
	6 月 20 日	314.32 点	D	8.98 点
	7 月 8 日	350.09 点	A	35.77 点
	7 月 11 日	340.12 点	D	9.94 点
	7 月 12 日	350.26 点	A	10.14 点
	7 月 16 日	339.98 点	D	10.28 点
	7 月 17 日	349.79 点	A	9.81 点
	7 月 23 日	339.65 点	D	10.14 点
	7 月 24 日	349.30 点	A	9.65 点
	7 月 29 日	336.36 点	D	12.84 点

续 表

年份	日期	点数	涨跌	点数
1929 年	8 月 5 日	358.66 点	A	22.30 点
	8 月 9 日	336.13 点	D	22.53 点
	8 月 26 日	380.18 点	A	44.05 点
	8 月 28 日	370.34 点	D	9.84 点
	9 月 3 日	386.10 点	A	15.76 点
	9 月 5 日	367.35 点	D	18.75 点
	9 月 7 日	381.44 点	A	14.09 点
	9 月 10 日	364.46 点	D	16.98 点
	9 月 12 日	375.52 点	A	11.06 点
	9 月 13 日	359.70 点	D	15.82 点
	9 月 19 日	375.20 点	A	15.50 点
	9 月 25 日	344.85 点	D	30.35 点
	9 月 26 日	358.16 点	A	13.31 点
	9 月 28 日	341.03 点	D	17.13 点
	10 月 2 日	350.19 点	A	9.16 点
	10 月 4 日	320.45 点	D	29.74 点
	10 月 8 日	349.67 点	A	29.22 点
	10 月 9 日	338.86 点	D	10.81 点
	10 月 11 日	358.77 点	A	19.91 点
	10 月 17 日	332.11 点	D	26.66 点
	10 月 18 日	343.12 点	A	11.01 点
	10 月 19 日	321.71 点	D	21.41 点
	10 月 22 日	333.01 点	A	11.30 点
	10 月 24 日	272.32 点	D	60.69 点

年份	日期	点数	涨跌	点数
1929 年	10 月 25 日	306.02 点	A	33.70 点
	10 月 29 日	212.33 点	D	93.69 点
	10 月 31 日	281.54 点	A	69.21 点
	11 月 7 日	217.84 点	D	63.70 点
	11 月 8 日	245.28 点	A	27.44 点
	11 月 13 日	195.35 点	D	49.93 点
	11 月 20 日	250.75 点	A	55.40 点
	11 月 27 日	233.39 点	D	17.36 点
	12 月 9 日	267.56 点	A	34.17 点
	12 月 13 日	239.58 点	D	27.98 点
	12 月 14 日	254.41 点	A	14.83 点
	12 月 20 日	227.20 点	D	27.21 点
	12 月 23 日	226.39 点	D	10.87 点
	12 月 27 日	246.35 点	A	19.96 点
	12 月 30 日	235.95 点	D	10.40 点
1930 年	1 月 10 日	252.91 点	A	16.96 点
	1 月 18 日	243.37 点	D	9.54 点
	2 月 13 日	275.00 点	A	31.63 点
	2 月 17 日	265.29 点	D	9.71 点
	2 月 19 日	273.35 点	A	8.06 点
	2 月 25 日	259.78 点	D	13.57 点
	3 月 10 日	279.40 点	A	19.62 点
	3 月 15 日	268.97 点	D	10.43 点
	3 月 21 日	284.08 点	A	15.11 点

年份	日期	点数	涨跌	点数
1930 年	3 月 22 日	274.63 点	D	9.45 点
	4 月 16 日	297.25 点	A	22.62 点
	4 月 22 日	284.28 点	D	12.97 点
	4 月 23 日	293.27 点	A	8.99 点
	4 月 29 日	272.24 点	D	21.03 点
	4 月 30 日	283.51 点	A	11.27 点
	5 月 5 日	249.82 点	D	33.69 点
	5 月 7 日	272.15 点	A	22.33 点
	5 月 8 日	257.74 点	D	14.41 点
	5 月 14 日	277.22 点	A	19.48 点
	5 月 20 日	260.76 点	D	16.46 点
	6 月 2 日	276.86 点	A	16.10 点
	6 月 12 日	241.00 点	D	35.86 点
	6 月 13 日	251.63 点	A	10.63 点
	6 月 18 日	212.27 点	D	39.36 点
	6 月 20 日	232.69 点	A	20.42 点
	6 月 25 日	207.74 点	D	24.95 点
	7 月 1 日	229.53 点	A	21.79 点
	7 月 8 日	214.64 点	D	14.89 点
	7 月 18 日	242.01 点	A	27.37 点
	7 月 21 日	228.72 点	D	13.29 点
	7 月 28 日	243.65 点	A	14.93 点
	7 月 31 日	229.09 点	D	14.56 点
	8 月 5 日	240.95 点	A	11.86 点

年份	日期	点数	涨跌	点数
	8 月 13 日	214.49 点	D	26.46 点
	9 月 10 日	247.10 点	A	32.61 点
	9 月 30 日	201.95 点	D	45.15 点
	10 月 3 日	216.85 点	A	14.90 点
	10 月 10 日	186.70 点	D	30.15 点
	10 月 15 日	201.64 点	A	14.94 点
	10 月 18 日	183.63 点	D	18.01 点
	10 月 20 日	194.44 点	A	10.81 点
	10 月 22 日	181.53 点	D	12.91 点
	10 月 28 日	198.59 点	A	17.06 点
1930 年	11 月 1 日	181.26 点	D	17.33 点
	11 月 3 日	187.23 点	A	5.97 点
	11 月 10 日	168.32 点	D	18.91 点
	11 月 15 日	187.59 点	A	19.27 点
	11 月 18 日	177.63 点	D	9.96 点
	11 月 21～25 日	191.28 点	A	13.65 点
	11 月 28 日	178.88 点	D	12.40 点
	12 月 2 日	187.96 点	A	9.08 点
	12 月 17 日	154.45 点	D	33.51 点
	12 月 18 日	171.64 点	A	17.19 点
	12 月 29 日	158.41 点	D	13.23 点
	1 月 7 日	175.32 点	A	16.91 点
1931 年	1 月 19 日	160.09 点	D	15.23 点
	1 月 23 日	172.97 点	A	12.88 点

年份	日期	点数	涨跌	点数
1931 年	1 月 29 日	164.81 点	D	8.16 点
	2 月 26 日	195.95 点	A	31.14 点
	3 月 13 日	175.89 点	D	20.06 点
	3 月 20 日	189.31 点	A	13.42 点
	4 月 7 日	166.10 点	D	23.21 点
	4 月 14 日	173.24 点	A	7.14 点
	4 月 29 日	141.78 点	D	31.46 点
	5 月 9 日	156.17 点	A	14.39 点
	6 月 2 日	119.89 点	D	36.28 点
	6 月 5 日	138.89 点	A	19.00 点
	6 月 8 日	127.96 点	D	10.93 点
	6 月 9 日	138.88 点	A	10.92 点
	6 月 19 日	128.64 点	D	10.24 点
	6 月 27 日	157.93 点	A	29.29 点
	7 月 1 日	147.44 点	D	10.49 点
	7 月 3 日	156.74 点	A	9.30 点
	7 月 15 日	134.39 点	D	22.35 点
	7 月 21 日	147.69 点	A	13.30 点
	7 月 31 日	133.70 点	D	13.99 点
	8 月 15 日	146.41 点	a	12.71 点
	9 月 21 日	104.79 点	D	41.62 点
	9 月 23 日	117.75 点	A	12.96 点
	10 月 5 日	85.51 点	D	32.24 点
	10 月 9 日	108.98 点	A	23.47 点

续 表

年份	日期	点数	涨跌	点数
1931 年	10 月 14 日	96.01 点	D	12.97 点
	10 月 24 日	110.53 点	A	14.52 点
	10 月 29 日	98.19 点	D	12.34 点
	11 月 9 日	119.15 点	A	20.96 点
	12 月 17 日	71.79 点	D	47.36 点
	12 月 19 日	83.09 点	A	11.30 点
1932 年	1 月 5 日	69.85 点	D	13.24 点
	1 月 14 日	87.78 点	A	17.93 点
	2 月 10 日	70.64 点	D	17.14 点
	2 月 19 日	89.84 点	A	19.20 点
	2 月 24 日	79.57 点	D	10.27 点
	3 月 9 日	89.88 点	A	10.31 点
	5 月 4 日	52.33 点	D	37.55 点
	5 月 7 日	60.01 点	A	7.68 点
	6 月 2 日	43.49 点	D	16.52 点
	6 月 15 日	51.43 点	A	7.94 点
	7 月 8 日	40.56 点	D	10.87 点
	8 月 8 日	71.49 点	A	30.93 点
	8 月 13 日	60.89 点	D	10.60 点
	9 月 8 日	81.39 点	A	20.50 点
	9 月 15 日	64.27 点	D	17.12 点
	9 月 22 日	76.01 点	A	11.74 点
	10 月 10 日	57.67 点	D	18.34 点
	10 月 20 日	66.13 点	A	8.46 点

年份	日期	点数	涨跌	点数
1932 年	11 月 3 日	57.21 点	D	8.92 点
	11 月 12 日	68.87 点	A	11.66 点
	12 月 3 日	55.04 点	D	13.83 点
1933 年	1 月 11 日	65.78 点	A	10.74 点
	2 月 27 日	49.68 点	D	16.10 点
	3 月 16 日	64.56 点	A	14.88 点
	3 月 31 日	54.90 点	D	9.66 点
	4 月 20 日	75.20 点	A	20.30 点
	4 月 21 日	68.64 点	D	6.56 点
	6 月 13 日	97.97 点	A	29.33 点
	6 月 17 日	89.10 点	D	8.87 点
	7 月 18 日	110.53 点	A	21.43 点
	7 月 21 日	84.45 点	D	26.08 点
	7 月 27 日	97.28 点	A	12.83 点
	7 月 31 日	87.75 点	D	9.53 点
	8 月 25 日	105.60 点	A	17.85 点
	9 月 6 日	97.74 点	D	7.86 点
	9 月 18 日	107.86 点	A	9.94 点
	10 月 3 日	91.93 点	D	15.75 点
	10 月 9 日	100.58 点	A	8.65 点
	10 月 21 日	82.20 点	D	18.38 点
	12 月 11 日	103.97 点	A	21.77 点
	12 月 20 日	93.70 点	D	10.27 点
1934 年	2 月 5 日	111.93 点	A	18.23 点

年份	日期	点数	涨跌	点数
1934 年	3 月 1 日	101.93 点	D	10.00 点
	3 月 3 日	106.37 点	A	4.44 点
	3 月 27 日	97.41 点	D	8.96 点
	4 月 20 日	107.00 点	A	9.59 点
	5 月 14 日	89.10 点	D	17.90 点
	7 月 11 日	99.35 点	A	10.25 点
	7 月 26 日	84.58 点	D	14.77 点
	8 月 25 日	96.00 点	A	11.42 点
	9 月 17 日	85.72 点	D	10.28 点
1935 年	1 月 7 日	106.71 点	A	20.99 点
	1 月 15 日	99.54 点	D	7.17 点
	2 月 18 日	108.29 点	A	8.75 点
	3 月 18 日	95.95 点	D	12.34 点
	5 月 28 日	117.62 点	A	21.67 点
	6 月 1 日	108.64 点	D	8.98 点
	9 月 11 日	135.05 点	A	26.41 点
	10 月 3 日	126.95 点	D	8.10 点
	11 月 20 日	149.42 点	A	22.47 点
	12 月 16 日	138.91 点	D	10.51 点
1936 年	3 月 6 日	159.87 点	A	20.96 点
	3 月 13 日	149.65 点	D	10.22 点
	4 月 6 日	163.07 点	A	13.42 点
	4 月 30 日	141.53 点	D	21.54 点
	6 月 24 日	161.15 点	A	19.62 点

年份	日期	点数	涨跌	点数
	7 月 8 日	154.85 点	D	6.30 点
	8 月 10 日	170.15 点	A	15.30 点
1936 年	8 月 21 日	160.52 点	D	9.63 点
	11 月 18 日	186.39 点	A	583/ 点
	12 月 21 日	175.31 点	D	11.8 点
	3 月 10 日	195.59 点	A	20.28 点
	3 月 22 日	179.28 点	D	16.31 点
	3 月 31 日	187.99 点	A	8.71 点
	4 月 9 日	175.86 点	D	12.13 点
	4 月 22 日	184.33 点	A	8.47 点
	4 月 28 日	168.77 点	D	15.56 点
	5 月 5 日	176.81 点	A	8.04 点
	5 月 18 日	166.20 点	D	10.61 点
	5 月 24 日	176.25 点	A	10.25 点
1937 年	6 月 14 日	163.73 点	D	12.52 点
	8 月 14 日	190.38 点	A	26.65 点
	9 月 13 日	154.94 点	D	35.44 点
	9 月 15 日	165.16 点	A	10.22 点
	9 月 24 日	146.22 点	D	18.94 点
	9 月 30 日	157.12 点	A	10.90 点
	10 月 6 日	141.63 点	D	15.49 点
	10 月 7 日	150.47 点	A	8.84 点
	10 月 19 日	115.84 点	D	34.63 点
	10 月 21 日	137.82 点	A	21.98 点

续 表

年份	日期	点数	涨跌	点数
1937 年	10 月 25 日	124.56 点	D	13.26 点
	10 月 29 日	141.22 点	A	16.66 点
	11 月 8 日	121.60 点	D	19.62 点
	11 月 12 日	153.70 点	A	14.10 点
	11 月 23 日	112.54 点	D	23.16 点
	12 月 8 日	131.15 点	A	18.61 点
	12 月 14 日	121.85 点	D	9.30 点
	12 月 21 日	130.76 点	A	8.91 点
	12 月 29 日	117.21 点	D	13.55 点
1938 年	1 月 15 日	134.95 点	A	17.74 点
	2 月 4 日	117.13 点	D	17.82 点
	2 月 23 日	132.86 点	A	15.73 点
	3 月 31 日	97.46 点	D	35.40 点
	4 月 18 日	121.54 点	A	24.08 点
	4 月 20 日	112.47 点	D	9.07 点
	4 月 23 日	119.21 点	A	6.74 点
	5 月 1 日	109.40 点	D	9.81 点
	5 月 10 日	120.28 点	A	10.88 点
	5 月 27 日	106.44 点	D	13.84 点
	7 月 25 日	146.31 点	A	39.87 点
	8 月 12 日	135.38 点	D	10.93 点
	8 月 24 日	145.30 点	A	9.98 点
	9 月 14 日	130.38 点	D	14.92 点
	9 月 21 日	140.20 点	A	9.82 点

续　表

年份	日期	点数	涨跌	点数
1938年	9月28日	127.85点	D	12.35点
	11月10日	158.90点	A	31.05点
	11月28日	145.21点	D	13.69点
1939年	1月5日	155.47点	A	10.26点
	1月26日	136.10点	D	19.37点
	3月10日	152.71点	A	16.61点
	4月11日	120.04点	D	32.67点
	6月9日	140.75点	A	20.71点
	6月30日	128.97点	D	12.00点
	7月25日	145.72点	A	16.97点
	8月24日	128.60点	D	17.12点
	8月30日	138.07点	A	9.47点
	9月1日	127.51点	D	10.56点
	9月13日	157.77点	A	30.26点
	9月18日	147.35点	D	10.42点
	10月26日	155.95点	A	8.60点
	11月30日	144.85点	D	11.10点
	1月3日	153.29点	A	8.44点
	1月15日	143.06点	D	10.23点
	4月8日	152.07点	A	9.01点
	5月21日	110.61点	D	41.46点
	5月23日	117.84点	A	7.23点
	5月28日	110.51点	D	7.43点
	6月10日	110.41点	D	0.10点

续 表

年份	日期	点数	涨跌	点数
1940 年	11 月 8 日	138.77 点	A	28.36 点
	12 月 23 日	127.83 点	D	10.94 点
1941 年	1 月 10 日	134.27 点	A	6.44 点
	2 月 19 日	117.43 点	D	16.84 点
	4 月 4 日	125.28 点	A	7.85 点
	5 月 1 日	114.78 点	D	10.50 点
	7 月 22 日	131.10 点	A	16.32 点
	12 月 24 日	105.52 点	D	25.58 点
1942 年	1 月 6 日	114.96 点	A	9.44 点
	4 月 28 日	92.69 点	D	22.27 点
1943 年	7 月 15 日	146.41 点	A	53.72 点
	8 月 2 日	133.87 点	D	12.54 点
	9 月 20 日	142.50 点	A	8.63 点
	11 月 30 日	128.94 点	D	13.56 点
1944 年	7 月 10 日	150.88 点	A	21.94 点
	9 月 7 日	142.53 点	D	8.35 点
1945 年	3 月 6 日	162.22 点	A	19.69 点
	3 月 26 日	151.74 点	D	10.48 点
	6 月 26 日	169.55 点	A	17.81 点
	7 月 27 日	159.95 点	D	9.60 点
	12 月 10 日	196.59 点	A	36.64 点
	12 月 20 日	187.51 点	D	9.08 点
1946 年	1 月 17 日	205.03 点	A	17.52 点
	1 月 21 日	195.52 点	D	9.51 点

续　表

年份	日期	点数	涨跌	点数
1946年	2月4日	207.49点	A	11.97点
	2月13日	197.65点	D	9.84点
	2月16日	205.35点	A	8.70点
	2月26日	184.05点	D	21.30点
	4月18日	209.36点	A	25.31点
	5月6日	199.26点	D	10.10点
	5月29日	213.36点	A	14.10点
	6月21日	198.98点	D	14.38点
	7月1日	208.59点	A	9.71点
	7月24日	194.33点	D	14.26点
	8月14日	205.01点	A	10.86点
	9月4日	173.64点	D	31.37点
	9月6日	181.67点	A	8.03点
	9月10日	166.56点	D	15.11点
	9月16日	176.26点	A	9.70点
	9月19日	164.09点	D	12.17点
	9月26日	175.45点	A	11.36点
	10月10日	161.61点	D	13.84点
	10月16日	177.05点	A	15.44点
	10月30日	160.49点	D	16.56点
	11月6日	175.00点	A	14.51点
	11月22日	162.29点	D	12.71点
1947年	1月7日	179.24点	A	16.95点
	1月16日	170.13点	D	9.13点

年份	日期	点数	涨跌	点数
1947 年	2 月 10 日	184.96 点	A	14.83 点
	3 月 15 日	171.97 点	D	12.99 点
	3 月 28 日	179.68 点	A	7.71 点
	4 月 15 日	165.39 点	D	14.29 点
	5 月 5 日	175.08 点	A	9.69 点
	5 月 19 日	161.38 点	D	13.70 点
	7 月 25 日	187.66 点	A	16.28 点
	9 月 9 日	174.02 点	D	13.64 点
	10 月 20 日	186.24 点	A	12.22 点
1948 年	2 月 11 日 [①]	164.09 点	D	22.15 点
	6 月 14 日	194.49 点	A	34.40 点
	7 月 19 日	179.50 点	D	14.99 点
	7 月 28 日	187.00 点	A	7.50 点
	8 月 11 日	176.50 点	D	10.50 点
	9 月 7 日	185.50 点	A	9.00 点
	9 月 27 日	175.50 点	D	10.00 点
	10 月 26 日	190.50 点	A	15.00 点
	11 月 30 日	170.50 点	D	20.00 点
1949 年	1 月 7 日和 24 日	182.50 点	A	12.00 点
	2 月 25 日	170.50 点	D	12.00 点
	3 月 30 日	179.15 点	A	8.65 点
	6 月 14 日	160.62 点	D	18.53 点

① 原著中为 7 月 11 日——译者注。

年份	日期	点数	涨跌	点数
1949 年	7 月 18 日	174.44 点	A	13.82 点

◔ 9 点及 9 点以上股市震荡

从 1912 年 10 月 8 日至 1949 年 6 月 14 日，在这 37 年间，股市总共出现过 464 次平均指数波动幅度在 9 点以上的震荡行情。这样算下来，大约每个月都会出现一次股指波动幅度在 9 点以上的行情。另外，在这 37 年间，还曾经出现过 54 次股指波动幅度低于 9 点的行情。

在这 464 次股市震荡中，股指涨跌幅度在 9 ~ 21 点的行情总共有 271 次，占总次数的比例超过了 50%，也就是在 1/2 以上。

股指波动幅度在 21 ~ 31 点的行情总共有 61 次，约占总次数的 1/4。

股指波动幅度在 31 ~ 51 点的行情总共有 36 次，大约占总次数的 1/8。

股指波动幅度超过 51 点的行情只有 6 次，而且这 6 次行情都发生在 1929 年，当时股市正在经历着有史以来最厉害的一次"股疯"行情。

从以上这些数字可以看出，最重要的股市行情，波动幅度基本在 9 ~ 21 点。由此可见，在这一区间发生的股市行情，对于研判股市未来趋势走向才是更为重要的。

相较而言，低于 9 点的震荡行情的重要性就稍差一些。如果平均指数从低点反弹，上涨幅度没能超过 9 点，就表明股市走势仍处于疲软状态，股指还会继续走低。

同样地，在持续上涨的股市中，如果平均指数的回调幅度小于 9 点，就表明股市涨势强劲，股指仍会持续走高。在正常情况下，如果股市走势已经调头向上攀升，并且平均指数已经上涨了 10 点甚至更多，那么股指应该会继续从低点上涨 20 点甚至更多。

在熊市行情中，如果平均指数下跌超过 10 点，那么股指应该会继续下跌 20 点甚至更多。如果平均指数的波动幅度超过了 21 点，那么，投资者接下来需要重点关注的波动幅度，就是从最高位或最低位开始的 30～31 点。因为股指的波动幅度很少能超过 31 点。在大多数情况下，股指的波动幅度在未达到 31 点前，就会调头开始反向波动，这轮反向涨跌行情通常会达到 10 点或 10 点以上。

✆ 股指波动幅度超过 30 点的行情

1938 年 3 月 15 日，股指涨到最高位 127.50 点；3 月 31 日，股指跌到了极限最低位 97.50 点——股指整整下跌了 30 点。

1938 年 9 月 28 日，股指跌到最低位 127.50 点；11 月 10 日，股指涨到这一年的最高位 158.75 点——股指上涨了 31.25 点。

1939 年 9 月 1 日，股指跌到最低位 127.50 点。就在这一天，第二次世界大战爆发。

1939 年 9 月 13 日，股指涨到了当年的最高位 157.50 点，整整上涨了 30 点。

1946 年 2 月 4 日，股指涨到了最高位 207.50 点；2 月 24 日，股指跌到最低位 184.04 点——股指下跌了将近 24 点。

1948 年 2 月 11 日，股指跌至最低点 164.04 点；6 月 14 日，股指涨到了当年的最高位 194.49 点——指数上涨了 30.40 点。

1949 年 6 月 14 日，股指跌到最低位 160.62 点，比 1948 年的最高点下跌 33.87 点。

从这些数字中可以看出，当波动幅度在 30 点左右的行情出现时，常常会在这轮行情中出现极限最高点或极限最低点。在行情正常的股市中，这种情况尤为常见。而在行情异常的股市中，比如 1928 年、1929 年和 1930 年的股市，由于股价极高、波动幅度非常大，因而股指波动幅度常常会远远超出 30 点。但这种情况通常只会出现在非正常时期，在当前的正常情况下，股市几乎不可能出现那些非正常时期才会出现的波动。

第八章

出现高顶和深底的月份

由于股票波动会受季节变化的影响，并且极限最高点往往会出现在牛市即将结束，或是一轮大行情或小行情进入尾声时的某个月份，所以，我们有必要回顾一下在重要行情结束时曾出现的极限最高点。

出现极限最高点的月份

1881 ～ 1949 年出现极限最高点的月份

年份	月份	年份	月份	年份	月份
1881 年	1 月和 6 月	1911 年	2 月和 6 月	1932 年	9 月
1886 年	12 月	1912 年	10 月	1933 年	7 月
1887 年	4 月	1914 年	3 月	1934 年	2 月
1890 年	5 月	1915 年	12 月	1937 年	3 月
1892 年	3 月	1916 年	11 月	1938 年	1 月和 11 月
1895 年	9 月	1918 年	10 月	1939 年	9 月
1897 年	9 月	1919 年	11 月	1940 年	11 月
1899 年	4 月和 9 月	1923 年	3 月	1941 年	7 月和 9 月
1901 年	4 月和 6 月	1929 年	9 月	1943 年	7 月
1906 年	1 月	1930 年	4 月	1946 年	5 月
1909 年	10 月	1931 年	7 月	1947 年	2 月、7 月和 10 月

年份	月份	年份	月份	年份	月份
1948 年	6 月	1949 年	1 月		

由上表中的数据可知，从 1881 年到 1949 年，股市所经历的大幅上涨行情共计 35 次。在 12 个月中，每个月出现最高点的次数如下表所示。

1881～1949 年每个月出现最高点的次数

1 月——出现 4 次最高点	7 月——出现 4 次最高点
2 月——出现 4 次最高点	8 月——没有出现最高点
3 月——出现 4 次最高点	9 月——出现 8 次最高点
4 月——出现 4 次最高点	10 月——出现 4 次最高点
5 月——出现 2 次最高点	11 月——出现 4 次最高点
6 月——出现 4 次最高点	12 月——出现 2 次最高点

从上表中的数据可以看出，在这 35 次大幅上涨行情中，股指在 9 月份时曾经有 8 次达到过最高位。由此可以判断出，如果一轮牛市行情已经持续了很长一段时间，那么 9 月份就很可能是股指会出现最高位的最重要月份。此外，在 1 月、2 月、3 月、4 月、6 月、7 月、10 月和 11 月的股市行情中，每个月都曾出现过 4 次股指涨到最高位的情况；5 月和 12 月，股指都曾 2 次抵达最高位。但是在这些上涨的牛市行情中，只有 8 月份从来没有出现过任何一次股指达到最高点的情况。这些数据就是一种信号，通过观察这些数据，投资者就会知道，当一轮大牛市或小牛市即将结束时，应该重点关注哪些

月份。

☝ 出现极限最低点的月份

在某些月份中，熊市或股指下跌到最低点的次数显著多于其他月份。所以，投资者应了解这些极限最低点的出现时间。

1884～1949 年出现极限最低点的月份

年份	月份	年份	月份	年份	月份
1884 年	6 月	1913 年	6 月	1937 年	11 月
1888 年	4 月	1914 年	12 月	1938 年	3 月
1890 年	12 月	1916 年	4 月	1939 年	4 月
1893 年	7 月	1917 年	12 月	1940 年	5 月和 6 月
1896 年	8 月	1919 年	2 月	1941 年	5 月
1898 年	3 月	1921 年	8 月	1942 年	4 月
1900 年	9 月	1923 年	10 月	1943 年	11 月
1901 年	1 月	1929 年	11 月	1946 年	10 月
1903 年	11 月	1930 年	12 月	1947 年	5 月
1907 年	11 月	1932 年	7 月	1948 年	7 月、3 月和 11 月
1910 年	7 月	1933 年	2 月和 10 月	1949 年	6 月
1911 年	7 月	1934 年	7 月		

从上表中的数据可以看出，在这些年份中，股市总共经历了 36 次下跌或熊市行情。以下数据为这些行情在 12 个月

中跌至最低点的次数。

1884～1949 年每个月出现极限最低点的次数

1 月——1 次极限最低点	7 月——5 次极限最低点
2 月——3 次极限最低点	8 月——2 次极限最低点
3 月——2 次极限最低点	9 月——1 次极限最低点
4 月——4 次极限最低点	10 月——3 次极限最低点
5 月——3 次极限最低点	11 月——6 次极限最低点
6 月——4 次极限最低点	12 月——4 次极限最低点

通过以上数据，投资者可以发现，有 6 次熊市行情是在 11 月结束的，还有 5 次是在 7 月结束的。由此可以推断，当股市已经持续下跌了相当长一段时间后，股指很可能会在 7 月或 11 月跌至最低点。

股指最低位出现次数仅次于这两个月的重要月份，是 4 月、6 月和 12 月。这几个月的重要性仅次于 7 月和 11 月，它们也是随后需要投资者留心股市跌势终止信号的月份。

在这 36 次下跌行情或熊市行情中，股指极限最低点只在 1 月和 9 月分别出现了 1 次。由此可见，这两个月对于熊市行情是否终止并不重要。股指极限最低点在 3 月份只出现过 2 次，因而，在股市已经下跌一段时间的情况下，投资者就可以判定，股指极限低点出现在 4 月份的可能性要比 3 月份更大。

投资者可以结合工业股平均指数、公用事业平均指数以及个股指数，来研究这些股市行情的时间周期。

❧ 每年出现最高位和最低位的月份

投资者应该要研究并记录每一年出现极限最高点和极限最低点的时间。以下数据记录了每一年出现极限最高点和极限最低点的月份，1897年之后出现的极限最高点和极限最低点，都标注了确切日期，如下表所示。

1881 ～ 1949 年极限最高点和极限最低点出现的时间

年份	最高点	最低点
1881 年	1 月和 5 月	2 月、9 月和 12 月
1882 年	9 月	1 月和 11 月
1883 年	4 月	2 月和 10 月
1884 年	2 月	6 月和 12 月
1885 年	11 月	1 月
1886 年	1 月和 12 月	5 月
1887 年	5 月	10 月
1888 年	10 月	4 月
1889 年	9 月	3 月
1890 年	5 月	12 月
1891 年	1 月和 9 月	7 月
1892 年	3 月	12 月
1893 年	1 月	7 月 26 日（极限最低点）
1894 年	4 月和 8 月	11 月
1895 年	9 月	12 月

年份	最高点	最低点
1896 年	4 月 17 日	8 月 8 日
1897 年	9 月 10 日	4 月 19 日
1898 年	8 月 26 日和 12 月 17 日	3 月 25 日
1899 年	4 月 4 日和 9 月 2 日	12 月 18 日、6 月 25 日和 9 月 24 日
1900 年	12 月 27 日	12 月 24 日
1901 年	6 月 3 日	—
1902 年	4 月 18 日和 9 月 19 日	12 月 15 日
1903 年	2 月 16 日	11 月 9 日
1904 年	12 月 5 日	2 月 9 日
1905 年	12 月 29 日	1 月 25 日
1906 年	1 月 19 日	7 月 13 日
1907 年	1 月 7 日	11 月 15 日
1908 年	11 月 13 日	2 月 13 日
1909 年	10 月 2 日	2 月 23 日
1910 年	1 月 22 日	7 月 26 日
1911 年	2 月 4 日和 6 月 14 日	9 月 25 日
1912 年	9 月 30 日	1 月 2 日
1913 年	1 月 9 日	6 月 21 日
1914 年	3 月 20 日	12 月 24 日
1915 年	12 月 27 日	1 月 24 日
1916 年	11 月 25 日	4 月 22 日
1917 年	1 月 2 日	12 月 19 日
1918 年	10 月 18 日	1 月 15 日

续 表

年份	最高点	最低点
1919 年	11 月 3 日	2 月 8 日
1920 年	1 月 3 日	12 月 21 日
1921 年	5 月 5 日	8 月 24 日
1922 年	1 月 5 日	10 月 14 日
1923 年	3 月 20 日	10 月 27 日
1924 年 ①	11 月 18 日	5 月 14 日 ②
1925 年	11 月 6 日	3 月 6 日
1926 年	8 月 14 日	3 月 30 日
1927 年	12 月 20 日	1 月 25 日
1928 年	12 月 31 日	2 月 20 日
1929 年	9 月 3 日	11 月 13 日
1930 年	4 月 16 日	12 月 17 日
1931 年	2 月 24 日	10 月 5 日
1932 年	3 月 9 日	7 月 8 日
1933 年	7 月 18 日	2 月 27 日和 10 月 21 日
1934 年	2 月 5 日	7 月 26 日
1935 年	11 月 8 日	3 月 18 日
1936 年	12 月 15 日	4 月 30 日
1937 年	3 月 10 日	11 月 23 日
1938 年	11 月 10 日	3 月 31 日
1939 年	9 月 13 日	4 月 11 日

① 原著中为 1923 年，实际应为 1924 年——译者注。

② 原著中为 5 月 13 日，实际应为 5 月 14 日——译者注。

续　表

年份	最高点	最低点
1940 年	1 月 3 日	6 月 10 日
1941 年	1 月 10 日	12 月 24 日
1942 年	12 月 28 日	4 月 28 日
1943 年	7 月 15 日	1 月 7 日
1944 年	12 月 16 日	2 月 7 日
1945 年	12 月 10 日	1 月 24 日
1946 年	5 月 29 日	10 月 30 日
1947 年	7 月 25 日	5 月 19 日
1948 年	6 月 14 日	2 月 11 日
1949 年	1 月 7 日	6 月 14 日

最高点出现的频率

1881 ～ 1949 年每月最高点出现的频率

1 月——69 年中有 14 次最高点	7 月——69 年中有 3 次最高点
2 月——69 年中有 5 次最高点	8 月——69 年中有 3 次最高点
3 月——69 年中有 5 次最高点	9 月——69 年中有 10 次最高点
4 月——69 年中有 6 次最高点	10 月——69 年中有 3 次最高点
5 月——69 年中有 5 次最高点	11 月——69 年中有 8 次最高点
6 月——69 年中有 3 次最高点	12 月——69 年中有 13 次最高点

从上表中的数据可以看出，最高点有 14 次出现在 1 月，13 次出现在 12 月，由此可以判断，如果股票已经持续上涨

了相当长一段时间，股指最高点很大概率会出现在 12 月或 1 月。

股指最高点曾经在 9 月出现过 10 次，如果股市已持续上涨很长时间，投资者要留心观察股指最高点和走势变化，继 12 月和 1 月之后，股指最高点很可能会在 9 月出现。

投资者下一个需要重点关注的月份是 11 月，在这个月中，股指最高点曾出现过 8 次。紧接着就是 2 月、3 月、4 月和 5 月，股指最高点在这些月份分别出现过 5 次、5 次、6 次和 5 次。但在 6 月、7 月、8 月和 10 月这些月份里，股指最高点只分别出现过 3 次。因此，投资者对这几个月也不要抱有多大期望，股指最高点在这些月份出现的可能性极小。

最低点出现的频率

1881 ～ 1949 年每月出现最低点的频率

1 月——69 年中有 9 次最低点	7 月——69 年中有 6 次最低点
2 月——69 年中有 10 次最低点	8 月——69 年中有 2 次最低点
3 月——69 年中有 6 次最低点	9 月——69 年中有 2 次最低点
4 月——69 年中有 6[①] 次最低点	10 月——69 年中有 7 次最低点
5 月——69 年中有 3 次最低点	11 月——69 年中有 6 次最低点
6 月——69 年中有 5 次最低点	12 月——69 年中有 13 次最低点

从上表中的数据可以看出，12 月是股指最低点出现频

---

① 原著中为 4 次，实际应为 6 次——译者注。

次最多的月份，其次是 2 月。因此，投资者在留心观察股市
最低点和趋势变化时，需要重点观察的月份是 12 月和 2 月，
仅次之的是股指最低点出现次数分别为 9 次和 7 次的 1 月和
10 月，然后是各自都出现过 6 次股指最低点的 3 月、4 月和
11 月。此外，股指最低点在 5[①] 月出现过 3 次、在 8 月和 9
月分别出现过 2 次，这些月份出现股指最低点的频率最低。

　　把每个月最高点和最低点的数据结合起来研究就会发
现，在过去 69 年中，股指最高点和最低点出现频率最多的
月份，分别是 9 月、12 月、1 月和 2 月。因而，如果股指在
一段时间内持续上涨或下跌，投资者就需要留心，股市走势
出现逆转的迹象，很可能就会出现在这几个重要月份里。如
果仔细研究以往股指最高点和最低点出现的月份，投资者就
可以估算出下一次股市逆转发生的时间。此外，投资者还要
关注以前股指最高点和最低点出现的确切日期，未来股市趋
势的逆转变化，很可能就会出现在相同的日期。

道琼斯 30 种工业股平均指数的涨跌周期

　　研究 1912 年 10 月 8 日至 1949 年 6 月 14 日的工业股平
均指数记录，就会发现在这段时间内，股市主要的涨跌行情
持续的时间都比较短，大多是股指快速上涨或骤然下跌。在
此期间，这样的涨跌行情总共发生过 292 次。

　　3 ～ 11 天——有 41 次行情处于这个时间周期，约占行

---

① 原著中为 4 月，实际应为 5 月——译者注。

情总数的 1/7。

11 ～ 21 天——有 45 次行情处于这个时间周期，约占行情总数的 1/4.5。

22 ～ 35 天——有 45 次行情处于这个时间周期，约占行情总数的 1/4.5。

时间周期为 11 ～ 35 天的股市行情，一共有 130 次，约占行情总数的 1/3 以上。由此可见，这个时间周期极易出现最高点或最低点，是需要投资者关注的重要时段。

股指涨跌持续了 36 ～ 45 天的行情有 31 次，约占行情总数的 1/9.5。

股指涨跌持续了 43 ～ 60 天的行情有 33 次，约占行情总数的 1/9。

股指涨跌持续了 61 ～ 95 天的行情有 20 次，约占行情总数的 1/14.5。

股指涨跌持续了 96 ～ 112 天的行情有 13 次，约占行情总数的 1/22.5。

股指涨跌持续超过 112 天的行情有 12 次，约占行情总数的 1/22。

了解这些时间周期后，投资者不仅可以更好地运用其他股市规则，还能用它们来判断股市趋势发生逆转的时间。

第九章

由 6 月份最低位预测未来最高位

1949 年 6 月 14 日，道琼斯 30 种工业股平均指数下跌到 160.62 点，但截至本章写作时的 1949 年 7 月 19 日，股指已经上涨到 175.00 点。假设 1949 年 6 月 14 日的股指便是下一轮牛市开始时的最低点，通过比较之前在 6 月出现过的最低点和股市随后会出现的波动情况，投资者就可以预测未来股市的趋势。

1913 年 6 月 11 日，股指跌至最低点 72.11 点。9 月 13 日，股指上涨到最高点 83.43 点，这轮上涨行情持续了 3 个月。

1914 年 3 月 20 日，股指上涨至最高点 83.49 点，与 9 月 13 日的最高点一起形成了双顶。这轮上涨行情从 1913 年 6 月的最低点开始攀升，持续上涨了 9 个月。股指主要趋势从 1914 年 3 月开始逆转，到 6 月时，股指跌到了 81.84 点，略低于之前的双顶最高位。随后股指便从这个点位开始下跌，直到 1914 年 12 月，这轮引起股民恐慌的暴跌行情才结束，此时的平均指数已经跌至 53.17 点。

1921 年 6 月 20 日，股指跌至最低点 66.00 点，这轮熊市开始后，这是股指构筑的第一个底。

1921 年 8 月 24 日，股指跌至最低位 64.00 点。这是这轮熊市中的最后一个最低位，标志着新一轮牛市即将开始。

1923 年 3 月 20 日，股指涨到最高点 105.25 点，在 21 个月以内上涨了 41 点。当时的这轮大牛市一直持续到 1929 年，至此，这轮牛市中第一阶段的行情结束了。

1930 年 6 月 25 日，股指跌至最低位 208.00 点。这是此轮熊市在第一年中出现的一个最低点，所以不可能开始新一轮的牛市行情。

9 月 10 日，股指上涨至最高点 247.00 点，在 77 天内上涨了 39 点。这只是这轮熊市行情中出现的一次反弹行情而已。

1937 年 6 月 14 日，股指下跌到最低点 163.75 点。

8 月 14 日，股指上涨到最高点 190.50 点，在 61 天内累计上涨了 36.75 点。但这轮涨势只是熊市中的一次反弹，因为牛市行情早在 1937 年 3 月时就已经结束了。

1940 年 6 月 10 日，股指下跌至最低点 110.50 点。

11 月 8 日，股指上涨至最高位 138.50 点，在 147 天内上涨了 28 点。这轮行情只是熊市中的一次反弹。此后一直到 1949 年 6 月 14 日，在 6 月都再也没有出现过最低点。这轮行情从 1948 年 6 月 14 日开始，一直持续下跌了长达 1 年时间。

利用上述 6 月最低位的时间周期对股市进行研判时，要重点关注 1921 年 6 月的最低位，因为这个最低位的出现，标志着一轮持续了长达 20 个月的熊市就此结束了。由此可知，将 1949 年 6 月 14 日作为基数，加上 1921 年至 1923 年那轮行情中曾经出现的相同时间周期，就可以推算出 1951

年 3 月 14 日很可能就是下一轮牛市开始的日期。假设从
1949 年 6 月 14 日开始的这轮熊市中只会出现一次反弹，那
么这轮反弹的时间周期很可能会从 8 月 14 日、31 日开始，
到 12 月 27 日结束。从以前时间周期的状况来看，其他几轮
反弹时间周期的起始和终止时间，可能会出现在 1950 年 4
月以及 1950 年 6 月。

从 1945 年 7 月 27 日股指最后一次触底，一直到 1949
年 7 月 27 日，这轮行情的时间周期是 48 个月。到 1949 年 8
月 27 日，则是 49 个月，这轮行情的时间周期，与 1938 年
到 1942 年最低点的时间周期，以及 1942 年 4 月到 1946 年 5
月最高点的时间周期相同。

由此可见，1949 年 7 月 27 日是一个会出现股市趋势变
化的重要日期。如果届时股市趋势果真逆转向上攀升，或者
在那之后不久股市走势就开始向上攀升，那么股指应该会攀
升很高。

1938 年 11 月 10 日，股指上涨到最高位 158.75 点。
1942 年 4 月 28 日，股指创下最后一个最低位。从极限最高
点到最低点，历时约 42 个月。1945 年，大盘平均指数突破
158.75 点，此前，大盘曾在这个点数之下连续运行了 6 年零
3 个月。如今，股指保持在 158.75 点以上已长达 50 个月之
久。所以，如果现在股指跌破了 160.00 点，就意味着股市会
出现大幅下跌，因为股指在高位运行的时间已经相当长了。

平均指数在 5 月 29 日涨到了极限最高位，但在之后长
达 37 个月的时间内，平均指数一直在 53.00 点左右持续震荡，

始终没能跌破1946年10月30日的最低点。在那轮持续了5个月的下跌行情中，1946年10月30日的最低点是第一次创下的最低点。鉴于此，如果平均指数能够长时间处于这个最低点以上，那么当平均指数随后上涨并获得强势支撑位时，就很可能会持续攀升并创出非常高的股价。

周年纪念日

《华尔街45年》这本书的写作初衷，是为投资者提供一些与时间周期相关的规则。这些全新的规则都极有价值，能有效指导投资者预测未来股指的最高点和最低点。如果投资者能够对这些规则认真学习、研究并善加运用，必定会受益匪浅。

我通过研究发现，在股指抵达最高位和最低位的月份，股市趋势通常会发生重要变化。这就是我所说的"周年纪念日"，投资者每一年都应该关注这些重要日期，因为股市趋势很可能会在这些日子发生重要变化。

1929年9月3日，股指创下有史以来的最高点。1932年7月8日，股指跌至自1897年以来的最低点。这两个日期对于研究每年的股市趋势变化而言非常重要，以下数据可以证明这两个日期的重要价值。

1930年9月10日，在股市大跌前，股指涨到了最后一个最高点。

1931年8月29日，一轮大跌行情开始。此时与9月3

日这一被我称为"周年纪念日"的重要日期仅相差 5 天。

1932 年 7 月 8 日，股指跌至极限最低点。

1932 年 9 月 8 日，牛市首次反弹，股指攀升至最高点。

1933 年 7 月 18 日，股指达到当年最高位。9 月 18 日，股指出现了次级反弹的最高位，此后新一轮下跌行情开始。

1934 年 7 月 26 日，股指跌至全年最低点。9 月 17 日，股指在下一轮上涨行情开始前，出现了最后一个最低点。

1935 年 7 月 22 日，股指在上涨行情中创出新高。这是新一轮回调行情的最高点，股指回调至 8 月 2 日后，开始转势重新上扬。

1935 年 9 月 11 日，股指上涨至一年中的最高点。随后股市行情开始回调下跌，一直到 10 月 3 日，之后，股指又转势上行突破了 9 月 11 日的最高点，随后继续上扬。

1936 年 7 月 28 日，股指上涨至当年的最高点，随后股市开始回调下跌，之后又继续上涨。

1936 年 9 月 8 日，股指到达最高位，随后开始回调，一直跌至 9 月 17 日，然后股指转势继续向上攀升。

1937 年 7 月，没有出现重要的最高点和最低点。

1937 年 9 月 15 日，在下一轮大跌行情开始之前，股指回调上涨，出现了本轮行情的最后一个最高点。

1938 年 7 月 25 日，在下一轮大幅回调下跌前，股指涨到最后一个最高位，随后股指下跌。9 月 28 日，在下一轮大幅涨势开始前，股指跌到最后一个最低点。

1939 年 7 月 25 日，股指见顶，之后便开始了一轮回调，一直到9月1日才结束。

1939年9月1日，股指跌至最低点。一轮反弹行情随后开始，9月13日，股指涨到这轮反弹的最高点，总共上涨了30点。

1940年7月3日，股指跌到最低点，随后便是一轮涨势，共上涨了20点。9月13日，股指出现了上涨行情之前的最后一个最低点，随后的一轮上涨行情一直持续到11月8日才结束。

1941年7月22日，股指出现了最后一轮反弹行情的最高点。9月18日，股指涨到大跌行情前的最后一个最高点。

1942年7月9日和16日，在下一轮回调开始前，股指涨至最后一个最高点；9月11日，在下一轮大涨行情开始前，股指跌至最后一次最低点。

1943年7月15日，股指涨至最高点，随后就是一轮下跌了13点的行情。9月20日，股指涨至最高位，之后又是一轮下跌行情，一直持续下跌到11月30日。

1944年7月10日，股指涨到最高点，随后便出现了一轮回调行情，这轮行情一路下跌，一直持续到9月7日才结束。

1944年9月，在一轮大幅上涨的行情出现前，股指跌至最后一个最低点。

1945年7月27日，股指跌至最低点159.95点。一直到本章写作时的1949年7月2日，股指仍没有跌破这个最低点。

1945年9月17日，在下一轮大涨行情开始前，股指跌至最后一个最低点。

1946 年 7 月 1 日，在下一轮大幅下跌行情来临前，股指涨到了最后一个最高点。

1946 年 9 月 6 日，股指在一轮小幅上扬行情中达到最高位，之后一路回落，持续下跌至 10 月 30 日。

1947 年 7 月 25 日，在下跌行情出现前，股指涨到最后一个最高点。从 9 月 9 日到 26 日，股指两次跌至最低点，之后便是一轮上升行情，股指一路上涨至 10 月 20 日。

1948 年 7 月 12 日，股指涨到最后一个最高点，随后的一轮下跌行情一直持续到 9 月 27 日。

1948 年 9 月 27 日，股指跌至最后一个最低点。随后股市反弹，一直持续至 10 月 26 日才结束。

1949 年，投资者需要特别关注 7 月 8 日、15 日、25 日和 28 日的股指趋势，在这些日期，股指走势很可能会出现重要变化。

9 月 2 日到 10 日、15 日和 20 日到 27 日，这些也都是需要投资者特别关注的股指趋势变化的重要日期。

投资者每年都应该关注这些纪念日，同时要关注其他曾经出现过极限最高点和最低点的日期，比如 1937 年 3 月 8 日、1938 年 3 月 31 日、1942 年 4 月 28 日、1946 年 5 月 29 日等。如果投资者肯花时间来用心研究和比较这些股市波动的时间周期，并灵活运用其他股市规则，那么，或早或晚，投资者都能体会到时间周期在预测股市未来走势时的重大价值。

ᠹ 重大消息

　　当一些重大消息出现时，比如战争爆发或结束、总统就职或总统选举日期宣布等，投资者需要关注的是在这些新闻事件发生时，平均指数和个股的股价、股市走势是上涨还是下跌，以及出现这些重大事件后股市的变化。

　　1914 年 7 月 30 日，战争爆发。当时的道琼斯工业股平均指数为 71.42 点，到 12 月 24 日时，股指已经跌至极限最低点 53.17 点。

　　1915 年 4 月 30 日，股指上涨至最高位 71.78 点，又涨回到战争爆发时的水平。在随后的一轮回调中，股指一路下跌，到 5 月 14 日时，跌至最低点 60.38 点。6 月 22 日，平均指数再次涨回 71.90 点，然后从这个点数开始，股指出现小幅下跌，到 7 月 9 日时，股指跌至最低点 67.88 点。随后，股指走势逆转上行，突破了战争爆发时的最高点，并持续上涨创出新高。

　　1918 年 11 月 11 日，第一次世界大战结束。11 月 9 日，平均指数达到 88.07 点，这是当年的最后一个最高位。1919 年 3 月，股指首次突破这个最高点，之后便一路上扬，直到 1919 年 11 月 3 日，股指再创新高，达到 119.62 点。

　　下一个重要的战争日期是 1939 年 9 月 1 日，这一天的股指跌至最低点 127.51 点，但到 9 月 13 日时，股指又涨回最高点 157.77 点。由此可以判定，当时的阻力位应该位于 127 ～ 130 点。

1939 年 8 月 24 日，股指为 128.60 点。9 月 1 日，股指为 127.51 点。

1940 年 8 月 12 日，股指涨到最高位 127.55 点。9 月 13 日，股指下跌至最低位 127.32 点。12 月 23 日，股指继续下跌至最低点 127.83 点。

1941 年 7 月 27 日，股指下跌到最低位 126.75 点。9 月 30 日，股指涨到最高位 127.31 点。

1943 年 2 月 2 日，股指跌至最低位 126.38 点。3 月 22 日，股指再次跌至最低位 128.67 点。4 月 13 日，股指再次跌至最低位 129.79 点。4 月 30 日，股指跌至最后一个最低位 128.94 点，随后，便是一轮大幅上涨的行情。

为什么平均指数最高位或最低位总是多次出现在几乎相同的位置上？这其中有一定的原因——这些点数所处的位置，正好跟股指某个百分比点位非常接近。

1896 年，股指跌到最低位 28.50 点，上涨 350% 后就是 128.25 点。

1921 年，股指跌到最低位 64.00 点，如果上涨 100% 就是 128.00 点。

1929 年，股指涨到最高位 386.10 点，这个点数的 1/3 就是 128.70 点。

1929 年的股指最高位是 386.10 点，1932 年的股指最低位是 40.56 点，这两个点数区间的 3/4 处就是 126.70 点；

从 1932 年的股指最低位 40.56 点到 1946 年的股指最高位
213.36 点，这两者区间的 1/2 处，即中点点位就是 126.96 点。

1937 年，股指涨至最高位 195.59 点，这个点数的 2/3 处
就是 130.32 点。

1937 年的股指最高位是 195.59 点，1938 年的股指最低
位为 97.46 点，这两个点数区间的 1/3 处就是 130.17 点。

1942 年，股指跌至最低位 92.69 点，而 1937 年的股指
最高位是 195.59 点，这两个点数区间的 3/8 处就是 130.40 点。

在这些点数所处的位置附近，股市曾经出现过 8 个阻力
位，每个阻力位都跟某个百分比点位相关。在这些点数所处
的位置附近，股指还曾先后 11 次出现过不同时期的重要最
高位和最低位。由此可见，投资者有必要通过每一个重要的
最高位或最低位计算出百分比和阻力位。

🖱 193～196 点的阻力位

1929 年 11 月 13 日，股指跌至最低点 195.35 点。

1931 年 2 月 24 日，股指涨到最高位 196.96 点。

1937 年 3 月 10 日，股指涨到最高位 195.59 点。

1948 年 6 月 14 日，股指涨到最高位 194.49 点。

在这些点数所处的位置附近，股指曾经出现过 4 个重要
的顶部和底部。出现这一现象的原因如下：

1929 年，股指涨到最高位 386.10 点，这一点数的 1/2 处
就是 193.05 点，这是一个非常重要的阻力位。

1921 年，股指跌到最低位 64.00 点，这一点数上涨 200%，就是 192.00 点。

1930 年 4 月 16 日，股指上涨到最高位 297.25 点，而 1942 年的股指跌至最低位 92.69 点，这两个点数区间的 1/2 处，即中点点位就是 194.97 点。

1932 年，股指下跌到最低位 40.56 点，这一点数在上涨 375% 后，就是 192.66 点。

1945 年 7 月 27 日，股指跌到最低位 159.95 点；1946 年 5 月 29 日，股指上涨到 213.36 点，这两个点数浮动区间的 2/3 处就是 195.56 点。

1939 年 9 月 1 日，股指跌至最低点 127.51 点，这一点数上涨 50% 后就是 191.27 点。

1939 年，股指的最低位是 127.51 点。到 1942 年时，股指跌到了最低位 92.69 点，127.51 点加上这两个点数区间的 200%，就是 197.15 点。

1945 年 3 月 26 日，股指跌到最低位 151.74 点。随后，股市便迎来了一轮上涨行情，股指在此轮行情中创出新高。这个最低位是股指在上涨行情来临前出现的最后一个最低点。

股指最后一个最高位是 213.36 点，与前一个最低位区间的 2/3[①] 处就是 192.74 点。

在以上这些点数所处的位置附近，曾经出现过 8 个重要的阻力位，因此，平均指数也曾在这些点数位置附近出现过

[①] 原著指代不明且计算疑似有误，这里应该是指前面提到的 1945 年 3 月 26 日的最低位，但据此计算的数据并不正确——译者注。

3 个重要的最高点和 1 个最低点。如果这轮牛市行情能够一直持续至 1949 年或 1950 年，股指也能突破 196 点并收于这些点数之上，那就说明股市仍将继续走高，股市还向投资者发出了指示信号，表明股指将会出现一个重要的阻力位。

1941 年 12 月 7 日开始的对日战争

1941 年 12 月 7 日，日军偷袭珍珠港，这天是星期天。

1941 年 12 月 6 日，道琼斯工业股平均指数最低点为 115.74 点，收盘价为 116.60 点。12 月 8 日，股指最高点是 115.46 点，之后股指一路下跌，1942 年 4 月 28 日跌至极限最低位 92.69 点，此后股价才开始上涨。因而，12 月 8 日的最高点是一个非常重要的点位，如果平均指数能够突破这一点数，便预示着股指将会大涨。

1943 年 10 月 13 日，股指上涨到最高位 115.80 点。这个点数与 1941 年 12 月 6 日的最低点和 1941 年 12 月 8 日的最高点接近。1943 年 10 月 28 日，股指跌至最低点 112.57 点，在 15 天内仅仅回调下跌了 3 点左右，这说明股指的上涨趋势十分强劲。

1943 年 11 月 9 日，股指上涨到最高点 118.18 点，平均指数已突破了 1941[①] 年 12 月 8 日的最高点，这是股市还会进一步持续走高的征兆。在随后的一轮回调中，股指于 12 月 24 日跌至最低位 113.46 点，在 45 天内仅仅下跌了不到 5 点，

① 原著中为 1991，应为笔误——译者注。

而且与战争开始时的最低位相比，下跌了不足 3 点。这一迹象表明，股市获得了良好支撑，股指还会继续上涨。之后平均指数便一路攀升，1915 年 2 月突破了 127.51 点，这一点数也是 1939 年 9 月 1 日第二次世界大战爆发时的股指最低点。

1945 年 5 月 6 日，德国战败投降，第二次世界大战结束，平均指数继续上升。6 月 26 日，股指上涨到最高点 169.55[①] 点。这一点数比 1938 年的最高位高出 10 点以上，并且突破了 158 ～ 163 点的所有阻力位，这是股指将要大涨的明确迹象。

1945 年 7 月 27 日，股指跌到最低点 159.95 点，在 31 天内下跌了不到 10 点，并于强阻力位上方处报收，表明股指将会继续大涨。

1945 年 8 月 15[②] 日，日本宣告战败投降。跟当时最近的股指最低点出现于 8 月 9 日，当天股指跌至 161.15 点，159.95 点和 161.13 点也因此成为重要的支撑位，因为这两个点位都出现于战争结束时，且股指高于 1938 年的最高点。股指曾经历 3 次不同幅度的下跌行情，但都没有跌破 160.00 点。

以上这些例子都证明了，从重要最高位或最低位计算出阻力位和百分比何其重要，投资者可以据此判定下一个重要的最高点或最低点可能出现的点位。投资者将所有的时间规

---

① 原著中为 169.13 点。原著不同章节中，对同一天最高位或最低位点数记录略有出入——译者注。

② 原著中为 8 月 13 日，实际应为 8 月 15 日——译者注。

则、3 日走势图和 9 点摆动图结合起来灵活运用，就可以确定未来买入点、卖出点出现的时间和价位。所有的股市规则对平均指数和个股都同样适用，投资者可以像分析平均指数一样，用股市规则来解析个股。

🖱 158～163 点的阻力位

以往的点位记录证明，158～163 点是股指最高点和最低点出现的重要点位，以下记录的极限最高位和极限最低位出现位置也可以验证这一点。

1937 年 6 月 14 日，股指跌至最低点 163.75 点。

1938 年 11 月 10 日，股指涨到最高点 158.90 点。

1939 年 9 月 13 日，股指涨到最高点 157.77 点。

1945 年 3 月 6 日，股指涨到最高点 162.22 点。

1945 年 7 月 27 日，股指跌至最低点 159.95 点。

1946 年 10 月 30 日，股指跌到最低点 160.49 点。

1947 年 5 月 19 日，股指跌至最低点 161.38 点。

1949 年 6 月 14 日，股指跌至最低点 160.62 点。

在这些点数的周围，总共出现了 3 个最高点和 5 个最低点①。从 1946 年到 1949 年，最后 3 个重要的最低位都出现在这些点数周围，股市每次也都是从这些点位得到支撑并进行下一轮反弹。

下面这些百分比点位可以说明，为什么在这些点数周围会

---

① 原著中为 4 个最高点和 4 个最低点——译者注。

出现支撑位和买入点，或者阻力位和卖出点。这些数据还可以说明，为什么股指的最高位和最低位会在同一点位周围出现那么多次。

1896 年，股指最低点为 28.50 点，1929 年的最高点为 386.10 点，这两个点数浮动区间的 3/8 处就是 162.60 点。

1921 年，股指跌到最低位 64.00 点，这个点数再上涨 150% 就是 160.00 点。

1932 年，股指跌到最低点 40.56 点，如果涨到 1937 年的最高位 195.59 点，两个点数区间的 3/4 处就是 156.84 点。

1932 年，股指最低点为 40.56 点，这一点数再上涨 300%，就是 162.24 点。

1932 年 9 月 8 日，股指涨到最高点 81.39 点，这一点数再上涨 100%，就是 162.78 点。

1933 年 10 月 21 日，股指跌至最低点 82.20 点，这一点数再上涨 100%，就是 164.40[①] 点。

1938 年 3 月 31 日，股指最低点为 97.46 点，1937 年的股指最高点为 195.59 点，这两个点数区间的 5/8 处就是 158.90 点[②]，正好是 1938 年 11 月 10 日的股指最高点。

1939 年 9 月 1 日，股指跌至最低点 127.51 点；1942 年 4 月 28 日，股指最低点为 92.69 点。这两个点数区间，就是战争开始的最低位到战后最低位的区间，两者之间的跌幅为 33.82 点。把这一数值与 1939 年的最低位 127.51 点相加，就

---

① 原著中是 163.50 点——译者注。

② 原著中的计算方式及数据结果疑似有误——译者注。

得到 162.33 点。

　　股指从 1935 年 3 月 26 日的最低点 151.74 点涨至极限最高点 213.36 点，这轮上涨浮动数值的 1/8[①] 处就是 159.47 点。

　　1946 年，股指涨到最高点 213.36 点，这一点数的 75%[②] 是 160.02 点。

　　以上实例中出现的 10 个阻力位证明了，为什么股指在这些点位周围出现了高达 8 次的最高位和最低位。1939 年 6 月 13 日，平均指数第三次出现在这个位置附近。写至此处时是 7 月 18 日，股指已经反弹到 174.40 点，这表明股指上升之势依然非常强劲。如果股指报收于 160.00 点以下，此时投资者就应该注意，这是股市肯定会下跌的信号，因为这是股指第四次出现在同一位置。根据之前总结的股市规则可知，此时的股市必定会持续下跌。

[①] 原著中的计算方式及数据结果疑似有误——译者注。
[②] 原著中是 25%——译者注。

第十章

纽约证券交易所成交量及股市回顾

本章所说的成交量是对《江恩股票走势探测》一书中相关内容的延续，至此，关于成交量的研究时间推进到 1949 年 6 月 30 日。

从 1932 年 7 月 8 日开始的那轮牛市一直持续到 1937 年 3 月 10 日，在此期间，平均指数上涨了 155 点。

1936 年，纽约股市的交易量逐步增大，其中 1 月和 2 月的交易量达到了峰值。1936 年全年成交总量高达 496 138 000 股。

1937 年第一季度的成交量很大，其中 1 月的成交量更是全年最高的。3 月股市开始下跌，成交量逐渐萎缩，到 8 月时成交量降至 17 213 000 股。10 月股市大涨，成交量有了极大突破，猛增至 51 000 000 股以上。1937 年全年成交总量为 409 465 000 股，与 1936 年相比，成交量大幅减少。

1938 年，股指于 3 月 31 日跌到最低点，此时距 1937 年股指最高点出现时间一年有余。这轮熊市的成交总量为 311 876 000 股。

1938 年 4 月至 11 月 10 日是一轮小牛市，在此期间，股指上扬 61 点，成交总量为 208 296 000 股。10 月成交量增至 41 555 000 股，不仅是全年最高的成交量，也是自 1937 年 3

月以来最大的单月成交量。这一迹象表明，有众多投资者在股指上涨时大量买入，股市已成超买之势，股指即将见顶。正如我此前在这本新作《华尔街45年》中所解释的，平均指数果然在此处遭遇了阻力位。

从1938年11月的最高点开始，股指一路下跌到1939年4月11日的最低点，跌幅达39点。在此期间，股市成交量为111 357 000股。1939年3月的成交量为24 563 000股，4月时成交量有所减少，到了6月，成交量已萎缩至全年最低点。

1939年5月至1939年9月，股指共上涨了37点，这几个月的成交总量为117 432 000股。9月1日第二次世界大战爆发后，股指从9月1日到13日一共上涨了30点。9月的成交总量为57 089 000股，这是自1937年1月以来最大的一次单月成交量。这表明投资者正赶在股价看涨时大量买入，股市已经呈现出超买状态，而知情的内部人士正在抓紧时机抛售股票。之后的股指没能突破1938年11月10日的最高位，这是一个提示股指已经见顶的信号，也表明投资者卖出股票的时机到了，因为大成交量往往意味着股指最高点随即就会到来。

1939年9月至1942年4月28日，平均指数下降了64点，这期间的成交总量为465 996 000股。从1940年到1941年，这期间的成交量继续萎缩。从1936年的成交总量496 138 000股，一路萎缩至1941年时的成交总量170 604 000股，这表明投资者的套现已基本告一段落。

1942 年 2 月、3 月和 4 月的成交量都在 800 万股左右，比以前的月成交量略低一点，这表明股市套现平仓已经完全结束，正在为即将到来的股指上扬奠定基础。

1942 年 5 月至 8 月，每月的平均成交量仍然低于 800 万股，这说明在投资者陆续套现时，虽然已经有买盘开始介入，但目前的规模还很小。这一年到年末时成交量有所增加，但 1942 年的成交总量仍是历年来最低的，全年的成交总量仅有 125 652 000 股。

1943 年，成交量暴增，达到了 278 000 000 股。

1944 年，年成交量为 263 000 000 股。

1945 年，股市继续上扬，总成交量为 375 000 000 股，它是自 1938 年以来年成交量最大的一年。如此巨大的成交量，表明牛市行情已接近尾声。

1946 年 1 月，成交量为 51 510 000 股，创下了自 1937 年 3 月以来的最大单月成交量。这预示着股指即将见顶。在 2 月初抵达最高位之后，平均指数仅仅上涨了 5 点，便在 1946 年 5 月 29 日时达到了最高点。

这轮牛市行情从 1942 年 4 月 28 日开始，到 1946 年 5 月 29 日结束，在此期间，股指总共上涨了 120 点，总成交量为 1 179 000 000 股。在这轮牛市行情的最后一年中成交量暴增，这一事实预示着牛市已经接近尾声。

从 1946 年 6 月到 10 月 30 日，道琼斯工业股平均指数下跌了 53 点，这期间的总成交量为 136 955 000 点。这是一轮短期大幅下跌的行情，而 6 月、7 月和 8 月的成交量一直在 20 000 000 股左右徘徊，停滞不前。

9 月，股指快速下跌时，成交量超过了 43 000 000 股，10 月股指触底，股市成交量萎缩至 30 000 000 股。此后，成交量便一直持续缩小。

1946 年 10 月 30 日至 1947 年 2 月，股指累计上涨了 27 点，这期间的成交量只略高于 100 000 000 股。1947 年 3 月至 5 月 19 日，股指下跌了 27 点，在此期间，股市成交量为 60 576 000 股。当股指跌至 5 月的最低点时，股市成交量萎缩至 20 000 000 股，这表明投资者套现平仓的情况并不是很严重。

1947 年 5 月 19 日至 7 月 25 日，股指反弹上涨了约 28 点，这一时期的成交总量达到了 42 956 000 股。7 月的成交量为 25 473 000 股，是这一年中最高的单月成交量，这说明投资者又在股指达到高位时买入，因此随后股市必然会出现一轮调整性下跌行情。

1947 年 7 月 25 日至 1948 年 2 月 11 日，股指下跌了大约 25 点，股市成交总量为 139 799 000 股。2 月的成交量不足 17 000 000 股，为几个月以来的最低单月成交量。当时的股市并不活跃，股指震荡幅度很小，成交量也很小，这些现象表明，股市并没有出现投资者集中抛售行为，更何况此时股指获得的支撑位要比 1947 年 5 月时更高，因而随后的反弹行情必将出现。

从 1948 年 2 月 11 日到 1948 年 6 月 14 日，股指上升了 30 点。在这轮上涨行情中，成交总量为 131 296 000 股。2

月的成交量略低于 17 000 000 股，而 5 月的成交总量则达到了 42 769 000 股，这是自 1946 年 9 月以来的最高单月成交量。成交量迅速增大，股指也上升到曾经出现过的卖出位，这表明股指即将见顶。6 月的成交总量略低于 31 000 000 股，这说明投资者在 5 月已经大笔购入建仓，所以，股指虽然仍在上涨，投资者的购买力却有所下降。

1948 年 6 月 14 日至 1949 年 6 月 14 日，股指下跌了约 34 点，这期间的总成交量为 246 305 000 股。1949 年 2 月，成交量再次降至 17 000 000 股左右，6 月的成交量为 17 767 000 股。与 1948 年 5 月近 43 000 000 股的成交量相比，这一迹象表明，股市中的套现平仓盘已基本消耗完毕，加上股指已跌至 1946 年 10 月及 1947 年 5 月的最低点，所以此时正是投资者买入的好时机。

投资者应该注意到，1947 年的成交总量为 253 632 000 股，1948 年的成交总量为 302 216 000 股，其中大部分成交量都是在 2 月至 6 月行情上涨时出现的。

1949 年前 6 个月的成交总量为 112 403 000 股，比 1948 年上半年的成交量低了很多。

如果股市能在 1949 年下半年上涨，那么成交量很可能就会增加，到年底时就有望达到 1948 年的水平。

千万要牢记，想要炒股，就必须研究月成交量和周成交量，同时要将成交量与其他股市规则结合起来灵活运用。纽约证券交易所的月成交量和年成交量如下表所示。

纽约证券交易所的月成交量和年成交量（1936～1949年）

单位：千股

	1936 年	1937 年	1938 年	1939 年	1940 年	1941 年	1942 年
1 月	67 202	58 671	24 154	25 183	15 987	13 313	12 998
2 月	60 884	50 248	14 525	13 874	13 472	8 970	7 924
3 月	51 107	50 346	22 997	24 563	16 272	10 124	8 554
4 月	39 610	34 607	17 119	20 245	26 693	11 187	7 588
5 月	20 614	18 549	13 999	12 934	38 965	9 669	7 231
6 月	21 429	16 449	24 368	11 967	15 574	10 462	7 466
7 月	34 793	20 722	38 771	18 068	7 305	17 872	8 375
8 月	26 564	17 213	20 733	17 374	7 615	10 873	7 387
9 月	30 873	33 853	23 825	57 089	11 940	13 546	9 448
10 月	43 995	51 130	41 555	23 736	14 489	13 151	15 932
11 月	50 467	29 255	27 926	19 223	20 887	15 047	13 436
12 月	48 600	28 422	27 492	17 773	18 397	36 390	19 313
合计	496 138	409 465	297 464	262 029	207 596	170 604	125 652
	1943 年	1944 年	1945 年	1946 年	1947 年	1948 年	1949 年
1 月	18 032	17 809	38 995	51 510	23 557	20 217	18 825
2 月	24 432	17 099	32 611	34 095	23 762	16 801	17 182
3 月	36 996	27 645	27 490	25 666	19 339	22 993	21 135
4 月	33 554	13 845	28 270	31 426	20 620	34 612	19 315
5 月	35 049	17 229	32 025	30 409	20 617	42 769	18 179
6 月	23 419	37 713	41 320	21 717	17 483	30 922	17 767
7 月	26 323	28 220	19 977	20 595	25 473	24 585	—
8 月	14 252	20 753	21 670	20 808	14 153	15 040	—
9 月	14 985	15 948	23 135	43 451	16 017	17 564	—
10 月	13 924	17 534	35 474	30 384	28 635	20 434	—
11 月	18 244	18 019	40 404	23 820	16 371	28 320	—

续 表

	1943年	1944年	1945年	1946年	1947年	1948年	1949年
12月	19 528	31 261	34 150	29 832	27 605	27 959	—
合计	278 738	263 075	375 521	363 713	253 632	302 216	112 403

第十一章

15 种公用事业股平均指数

在罗斯福执政期间，由于政府无所不用其极地进行压制，公用事业很不景气。1945 年罗斯福去世以后，时代发生了改变，情况也得以改观，公用事业获得了公平待遇，前景看起来一片光明。

回顾一下公用事业股平均指数从 1929 年至今的走势变化，对投资者会有很大帮助。

1929 年 9 月，股指涨到最高点 144.50 点，11 月跌至最低点 642 点。

1930 年 4 月，股指涨到最高位 108.50 点。

1932 年 7 月，股指跌到最低点 16.50 点，9 月涨到最高点 36.00 点。

1933 年 3 月，股指跌到最低点 19.50 点。这一点数比 1932 年 7 月的股指最低点高出 3 点，预示着股市向好，股指将持续走高。事实也确实如此。

1933 年 7 月，股指涨到最高点 37.50 点，比 1932 年 9 月的最高点高出 1.5 点。

1935 年 3 月，股指跌至最低点，比 1932 年和 1933 年的最低点还要低。当时股市套现平仓已经完成，随后出现了一轮上涨行情。

1937 年 2 月，股指涨到最高位 37.50 点。这一点数正好是 1933 年的最高位，预示着股指上涨时会在此处遭遇阻力。

1938 年 3 月，股指跌至最低点 15.50 点，这一点数只比 1935 年的最低点高出 1 点。

1939 年 8 月，股指涨至最高点 27.50 点，这一点数比 1937 年 8 月的最低点还要低，预示着股市主要趋势将会转向下行，股指会继续下跌。

1942 年 4 月，股指跌到最后一个最低点 10.50 点。股市连续几个月一直在小幅震荡，直到 1942 年 10 月，股指终于上行突破了 1942 年 6 月的最高点，在创下新高之后，呈现出持续上升之势。

这轮上涨行情一直持续到 1945 年，股指一路攀升，突破了 1939 年的最高点。之后股指继续向上飙升，并相继突破了 1933 年和 1937 年的最高点。

1946 年 4 月，股指上涨至最高位 44.50 点。这一点数正好与 1932 年 2 月的最后一个高点完全相同，因此，这里自然就会出现一个阻力位。

1946 年 10 月，股指跌至最低位 32.50 点。1947 年 1 月，股指涨到最高位 37.50 点。

1947 年 5 月，股指跌至最低点 32.00 点；7 月，股指涨到最高位 36.50 点。

1948 年 2 月，股指跌到最低点 31.50 点，这一点数要比 1946 年 10 月的最低位低 1 点，但正好和 1945 年 8 月的最低点相同。

1948 年 6 月和 7 月，股指涨到最高位 36.50 点，这一点数正好是 1947 年 7 月创下的最高点。

1948 年 11 月和 12 月，股指跌到最低位 32.50 点，这一点位略高于 1948 年 2 月的最低位。

1949 年 4 月和 5 月，股指涨到最高位 36.50 点，又回到曾经出现过的最高位。

6 月 14 日，股指跌至最低点 33.75 点。这一点位比 1948 年 12 月的最低位要高得多，表明股指已经获得良好的支撑。只要股指能稳定在 33 点以上位置，就可以继续走高；若能突破 36.50 点，则说明股指获得了更强的支撑；若股指能报收于 1947 年创下的最高位 38.00 点之上，则股指就极有可能强势上涨至 44.50 点，这一点数是股指于 1946 年创下的最高点。

相比较而言，公用事业股平均指数的走势要比铁路股平均指数更强，甚至比工业股平均指数强很多。在下一轮牛市来临时，公用事业板块将会领涨大盘。公用事业股平均指数只有跌破了最低位 31.50 点，才意味着主要趋势将会走低。

对于公用事业股平均指数趋势变化来说，1949 年 8 月这一时间非常重要，如果股指能在那时越过最高位并表现出上升趋势，就可能会一直持续上涨到 1950 年春天。

巴伦航空运输股平均指数

毫无疑问，这个板块的股票绝对会成为未来的领涨股，如果想要进行长期投资，投资者就应该认真研究每一家公司的股票。回顾航空运输股平均指数过去的走势具有重要意义，投资者可以从中看出航空运输股的未来走势。

1937 年 1 月，股指涨到最高点 27.75 点。1938 年 3 月，股指跌到最低点 7.50 点。

1940 年 4 月，股指涨到最高点 34.50 点。1942 年 4 月，股指跌至最低点 13.50 点。

1943 年 7 月，股指涨到最高点 43.50 点。1943 年 12 月，股指跌至最低点①32.50 点。

1943 年 12 月，股指上涨到 1940 年 4 月的最高点下方，这说明股指的走势仍然十分强劲，果然，之后就出现了一轮快速上涨行情。

1945 年 12 月，股指上涨到最高点 91.50 点。1947 年 1 月，股指跌至最低点 37.50 点。

1947 年 4 月，股指上涨到最高点 46.50 点。1947 年 12 月 30 日，股指跌至最低点 30.00 点。这一点数低于 1943 年 12 月的最低点，这预示着股指会反弹回补至这一最低点，随后会再次下跌到这个最低点之下。

1948 年 4 月，股指涨到最高点 39.25 点。1948 年 11 月，股指跌至最低点 25.50 点。

1949 年 3 月，股指跌至最低点 25.75 点。1949 年 6 月，股指跌到最低点 32.09 点，这一点数位于 1948 年 11 月的最低点上方，表明股市获得了强势支撑，随后将有一轮反弹行

---

① 原著中未提及"最低点"——译者注。

情出现。

回顾航空运输股平均指数在过去几年中创下的最低点，就会发现，这些最低点是依次上升的，这一点值得投资者关注。

1938年，股指的最低点是7.50点，1942年的最低点是13.50点，1948年的最低点是25.50点。写到此处时正值1949年6月，此时的股指最低点是32.09点。在过去这些年中，股指的最低位在逐年依次升高，这一迹象表明，今后股指很有可能会继续攀升。

本人认为，在下一轮牛市行情中，航空运输股板块将会领涨各种股票。我个人比较看好美国航空公司、泛美航空公司、西北航空公司、东方航空公司、大陆运输公司和西部航空公司，这些股票在未来都极有可能成为领涨股的个股。如果必须从中选择两家最好的个股，那就选东方航空公司和泛美航空公司。因为这两家公司多年来一直管理规范、盈利丰厚，必将成为未来的领涨股。

以本人来看，在不久的将来，实力雄厚的大型航空公司将会兼并实力较弱的小型航空公司，通过这场兼并浪潮的洗礼，最终将会产生三到四家实力强大的航空巨头，控制全美航空行业的所有业务。如果确如本人所料出现了兼并，届时这些大航空公司肯定会迅猛发展、收益大增，而那些购入并持有这些航空公司股票的投资者，必将收益颇丰。

⊕　小盘股

在过去几年中，当牛市行情出现时，流通股数量较少的小盘股往往会出现大幅上涨，涨幅远高于那些流通盘很大的股票。与大盘股相比，这种限量供应的小盘股所需购股资金较少，因而，如果卖方惜售导致股票供不应求，投资者无须投入太多资金就能推动其股价上扬。

⊕　乐趣制造公司

美国乐趣制造公司是一家历史悠久、实力雄厚的公司。这家公司一向管理有方，市值也没有被高估。1949 年，这家公司的收益丰厚，盈利前景良好。这家公司在股市的流通股不到 100 万股，在牛市中，拥有如此良好收益的股票有机会大幅上涨。

我们一起回顾一下这只股票以往的股价走势：

1941 年 9 月，这只股票的股指最高点为 14.00 点。

1942 年 8 月，股指最低点为 7.50 点。

1943 年 6 月和 7 月，股指最高点为 12.50 点。

1943 年 12 月，股指最低点为 9.75 点。

1945 年 5 月，股指最高点为 30.25 点。

1945 年 8 月，股指最低点为 22.75 点。

1946 年 4 月，股指最高点为 34.00 点；10 月，股指最低点为 18.25 点。

1947 年 10 月，股指创出新高 40.50 点，这是这只股票截至当时的最高股价，这个股价远高于 1946 年的最高点，由此可以判定这只股票当时在股市中的走势强劲。

1948 年 2 月，股指最低点为 31.50 点，仍处于 1945 年 5 月最低点之上。

1948 年 6 月，股指最高点为 43.50 点，这一指数创出新高，比 1947 年 10 月的最高点高出 3 点。

1948 年 9 月，股指最低点为 30.50[①] 点，股指在这个与 1945 年 5 月最低点相同的点位获得了支撑，且比 1948 年 2 月的最低点低了 1 点。

1949 年 3 月，股指最高点为 40.00 点，略低于 1947 年的最高点。

1949 年 6 月，股指最低点为 31.50 点，这一点数正好与 1948 年 2 月的最低点相同，却比 1948 年 11 月的最低点高了 1 点。如果这只股票能报收于 30.50 点之上，就有可能会持续攀升；如果股指能突破 36.50 点，说明股指上涨之势非常强劲；如果股指能报收于 40.50 点之上，就表明股指会攀升得更高，很有可能会突破 43.00 点或 43.50 点。投资者应该出手买进这类股票，当然，为了降低风险，切记要设置止损单。一旦股指走势逆转向上，投资者就极有可能获得可观利润。

---

① 原著中为 30.2 ——译者注。

第十二章

看跌期权、看涨期权、认股权和认股权证

　　许多人不了解什么是看跌期权（Put Options, PUTS）、什么是看涨期权（Call Options, CALLS），也不知道应该如何买卖这些期权。看涨期权，就是在 30 天、60 天、90 天或180 天内，以某个固定价格购买某只股票的权利。

　　购买这些期权时，投资者需要根据股票的股价和股市行情，支付 140.00 ～ 250.00 美元的期权费。购买期权后，投资者即便判断有误，所有的损失也只不过是购买看涨期权时支付的期权费。期权从买入之日起至到期日都有效。

　　假设投资者以 22 美元的股价买入美国钢铁公司的看涨期权，有效期为 6 个月，投资者支付看涨期权期权费 140 美元。那么，在这 6 个月内，无论美国钢铁公司的股价如何下跌，投资者的损失最多也只是这 140 美元期权费。相反，在此期间，如果美国钢铁公司的股价在某个时间上涨到 30 点，那么投资者就可以按 30 点的股价卖出这些股票。投资者最后获得的利润，就是用 800 美元扣除期权费和佣金这些成本后的差额。

　　如果投资者买入一手美国钢铁公司的看涨期权，还有另一种操作方法。假设股指已经从 22 点涨到 26 点，这时投资者已经从中获利，并认为股价不会再涨了，那么投资者就可以做空 50 股，这样不仅能收回成本，还能小小地赚上一笔。之后，如果股价继续上涨，投资者就可以用手中持有的 50 股股票继续赚钱。反过来讲，假设这时的钢铁股下跌到 23 点。投资者认为股价已经跌得够低了，于是就买入股票用来回补 50 股空头仓位。至此，每股已经赚了 3 点。随后，如果股价在期权到期前涨到 30 点或更高，投资者仍然可以获得这 100 股的全部利润。

看跌期权和看涨期权的另外一种作用就是保护投资。假设投资者想长期持有美国钢铁公司的股票，但这只股票的股价一直在 22 点上下波动。投资者判断，在接下来的几个月里，股指可能会跌到 16 点或 15 点。投资者想要保护投资，于是就买入 1 份看跌期权，并支付期权费 140 美元。在此期间，美国钢铁公司的股价跌至 16 点，那么投资者手中持股的损失就仅仅是看跌期权的期权费。与此同时，投资者可以买入股票，并对冲卖空，这样一来，投资者仍然能在长期持有股票的同时降低成本。

⌐ 看跌期权

看跌期权，就是在期权的有效期内，投资者可以随时用固定价格交割、出售 100 股或更多股票的特权。这个期权的有效期可以是 30 天、60 天、90 天或是 6 个月。

假设克莱斯勒公司的当前股价为 50 点，投资者判断这只股票还会下跌，于是就买入股价为 50 点的看跌期权，有效期为6个月。投资者还需要支付187.50美元或200.00美元的看跌期权期权费，这就是投资者可能会损失的最高金额。

假设在这6个月期限内，克莱斯勒公司的股价跌至40点。投资者就可以在这个点位买入股票，然后以50点的价格卖出期权，那么用这10点的收益减去看跌期权期权费和佣金，所得差额就是投资者获得的最终利润。

如果投资者持有克莱斯勒公司的股票，而此时的股价已经跌到45点，投资者认为股价已经跌得够低，这时就可以购入这只股票50股。如果股票继续下跌，投资者仍然能从这50股中获利。如果股价逆转上行并涨到50点以上，投资者就可以从买入的看跌期权中获得5点的利润。这就是所谓的看跌期权和看涨期权的抵补交易。

投资者购买看跌期权或看涨期权时，需要到证券交易所办理登记和担保手续，无论股票涨多高或跌多低，投资者都可以按买入看跌期权或看涨期权时的价格进行交割。

投资者如果不购买期权，就不需要缴纳任何保证金，在买入期权后则需要向交易场所支付一定额度的例行保证金，股票交割完成以后，保证金会按比例退还给投资者。任何经纪人都会向投资者提供相关信息，比如在买入看跌期权、看涨期权时需要的资料，在对期权进行交割或接受交割时应该按要求缴纳的保证金的多少。

看跌期权和看涨期权的交易通常都是通过纽约证券交易所的经纪人进行的。投资者如果对任何一只活跃股票感兴趣，都可以随时从经纪人处获得这只股票 30 天至 6 个月以后的股价信息。

　　我个人认为，看跌期权和看涨期权是一种既可以让投资者获利、又能保证投资者资金安全的交易方式。采用这种交易方式时，投资者所需面临的风险很小，即使判断失误，最多也只是损失期权费。但若股票走势与投资者预判一致，投资者赢得的利润则不可估量。

认股权与认股权证

　　许多人并不了解认股权和认股权证，也不知道该如何进行买卖。事实上，投资者用很小一笔资金就可以购买期限很长的认股权证。目前，有些认股权证的有效期可以一直延续至 1955 年。

　　认股权证是一种证券，持有认股权证的人有权在一定期限内购买或认购某家公司一定数量的股票或股票看涨期权。认股权证与股票看涨期权的作用几乎相同，唯一的区别是认股权证持续的时间更长。

　　纽约证券交易所的任何一个经纪人都可以向投资者提供认股权证信息，也可以帮投资者买卖认股权证。对投资者而言，在股市低迷时期购买认股权证是最划算的，因为此时股票的售价非常低，认股权证的售价也很低。等到牛市即将结束时，股价通常位居高位，如果投资者在经济萧条时期以低价购入认股权证，那么此时就可以将这些权证以高价卖出了。

认股权证通常由希望增加其股票资本的公司发行。认股权证的发行可以调整公司的控股比例，使其更加公平合理。此外，在一段时间内，发行认股权证通常还是公司以适当的价格发售额外证券的一种手段。

认股权证的有效期通常会持续很长一段时间，因此，投资者和交易商实际上都把认股权证当成股票看涨期权进行买卖，其中利用的就是这类金融工具固有的高杠杆优势。

正是这种杠杆特性，使认股权证变成一种投机手段。与普通股票相比，认股权证近些年来的价格波动幅度要大得多。如果按百分比幅度来计算，这种差别就更加明显了。

再者，有些投资者想要在股价上涨时获利，却又因害怕股价震荡太大而不敢投入太多资金。对于这些投资者来说，认股权证是一种很好的投资方式。这些投资者购买认股权证的过程，实际上就是在购买股票的看涨期权，投资者还为此支付了一笔期权费。

低风险、高利润

投资者购买任何一只股票的认股权证，所能损失的资金，最多也不过是认股权证期权费。但如果股价上涨，认股权证价格也会随之上涨，如此一来，投资者就可以通过认股权证获利，而不必购入股票或进行认股权证交易。

下面是一些通过购买认股权证获利的例子。

🖱 三角洲公司

三角洲公司是一家普通的信托投资管理公司，其股票交易一直非常活跃。1941 年和 1942 年，这家公司的认股权证售价低至 1/32 美元，但在 1936 年时，这些认股权证的售价曾经高达 5.375 美元。如果投资者在 1941 年或 1942 年投资 1 000 美元购买认股权证，就可以购得 32 000 份认股权证。如果投资者在 1946 年以 5 美元的价格卖出这些认股权证，这时认股权证的总价值就是 16 万美元。也就是说，投资者在 4 年内以 1 000 美元的价格获得 15.9 万美元的利润，当然，还要记得从这笔利润中扣除佣金。

🖱 梅里特－查普曼 & 斯科特

梅里特－查普曼 & 斯科特公司是美国主要的承包商之一，承接各种建筑工程，在国际上也有建筑项目。这家公司的普通股在股市交易活跃，每年还会派发 1.60 美元每股的红利。

在 1938 年、1939 年、1940 年、1941 年、1942 年和 1943 年，这家公司的股票认股权证卖价曾经低至 0.25 美元和 0.375 美元，1946 年却卖到了 12.50 美元。当这种认股权证的售价是 0.25 美元时，投资者花 1 000 美元就可以购买 4 000 份认股权证。如果在 1946 年以 12 美元的售价卖掉这些认股权证，就可以进账

48 000 美元。换言之，投资 1 000 美元，就能赚取 47 000 美元的利润。

大力神公司

大力神公司是一家从事投资、信托和控股的公司。

1941 年和 1942 年，这家公司的股票认股权证的售价低至每股 0.25 美元，也就是每股 25 美分。到了 1946 年，这些认股权证的售价每股高达 13.625 美元。1942 年，投资者用 1 000 美元就可以买到 4 000 份认股权证，到 1946 年初，这些认股权证的售价为每股 13 美元，这些认股权证的总值为 52 000 美元。换言之，投资 1 000 美元就可获得 51 000 美元的利润。

以上案例并非个别现象，其他不同种类股票的认股权证同样可以让投资者有机会获得巨额利润。

下表记录了一些在纽约证券交易所和场外交易所中认股权证交易活跃的股票信息，截止日期大约为 6 月 30 日。

纽约证券交易所和场外交易所中的活跃认股权证

证券名称	股票与认股权证的相对价格区间		当前价格/美元
	年份	价格变动区间/美元	
百瑞尔公司 股票 认股权证（1950 年 1 月 1 日每股 12.5 美元；1955 年 1 月 1 日每股 15 美元）	1944 ～ 1949 年	19.00 ～ 2.00 11.25 ～ 0.75	20.75

续 表

证券名称	股票与认股权证的相对价格区间		当前价格/美元
	年份	价格变动区间/美元	
美国与海外动力公司 股票 认股权证（任何时候都是每股 25 美元）	1929 ～ 1949 年	199.25 ～ 0.25 174.00 ～ 0.03	1.63
大力神公司 股票 认股权证（任何时候都是每股 25 美元）	1936 ～ 1949 年	34.38 ～ 5.75 13.63 ～ 0.25	20.00 4.38
科罗拉多燃料与钢铁公司 股票 认股权证（1950 年 2 月 1 日每股 17.5 美元）	1936 ～ 1949 年	25.88 ～ 4.25 12.25 ～ 0.25	12.25 0.88
联邦与南方公司 股票 认股权证（任何时候都是每股 30 美元）	1930 ～ 1949 年	20.25 ～ 0.13 6.250 ～ 0.005	3.50 0.06
电力与照明公司 股票 认股权证（任何时候都是每股 25 美元）	1926 ～ 1949 年	103.25 ～ 0.63 78.12 ～ 1.06	24.75 8.25
哈斯曼与莱戈尼尔公司 股票（1947 年 7 月一分为二） 认股权证（1950 年 5 月 15 日每股 8.45 美元）	1945 ～ 1949 年	18.25 ～ 9.00 14.75 ～ 3.25	10.25 4.00

证券名称	股票与认股权证的相对价格区间		当前价格 / 美元
	年份	价格变动区间 / 美元	
梅里特－查普曼与斯科特公司 股票 认股权证（任何时候都是每股 28.99 美元）	1936～1949 年	27.75～1.25 12.50～0.25	18.12 4.50～5.50
尼亚加拉哈得逊公司 股票 认股权证（任何时候都是每股 42.86 美元）	1937～1949 年	16.88～0.88 3.38～1.03	9.50 0.19
三角洲公司 股票 认股权证（任何时候都是127 股 176 美元）	1930～1949 年	20.25～0.63 9.00～0.03	6.25 2.12
美国联合公司 股票 认股权证（任何时候都是每股 27.5 美元）	1930～1949 年	52.00～3.06 30.880～0.005	3.00 0.12
沃德面包公司 股票 认股权证（1951 年 4 月 1 日每股 12.5 美元；1955 年 4 月 1 日每股 15 美元）	1945～1949 年	19.88～8.75 9.12～2.75	12.00 2.75

第十三章

新发现和新发明

纵观世界历史，每经历一次经济萧条，总会出现一些新发现或新发明，刺激着经济发展和社会进步，并为社会带来又一片繁荣。比如，富尔顿（Fulton）发明的蒸汽机轮船和惠特尼（Whitney）发明的轧棉机，就都开启了人类发展进步的新时代。

1849 年，加利福尼亚州发现金矿，引发了新一轮的经济繁荣浪潮。从那时起，铁路的兴建打开了美国中西部和外界连接的大门，这种新的交通运输方式给社会带来了巨大的进步。

旧事物会过去，新事物会取而代之。运河驳船和驿路马车逐渐离我们远去，取而代之的是铁路这种更加快捷的运输方式。随后，出现了许多新发现、新发明和新的炼钢工艺，美国一跃成为工业国，国力得到了巨大提升。

20 世纪初，汽车的发明与汽车工业的发展，为交通运输业带来了一场变革，掀起了另一波繁荣浪潮，为成千上万人提供了就业机会。随后，出现了各种化学发现和发明，人造纤维和其他化学产品也使社会变得越发进步和繁荣。正如前面所言，当社会处于经济萧条的深渊、百废待兴之时，往往总会有某些新发现或新发明能使经济复苏，引发社会的另一波繁荣昌盛。

莱特兄弟（Wright brothers）发明的飞机掀起了另一波繁荣浪潮，虽然交通速度还没有达到顶峰，但飞机使交通速度得到了前所未有的提升。这种人类历史上伟大的运输方式拉近了世界各地的距离，使各国人民为了共同的和平与发展紧密团结在一起。飞机在未来能在多大程度上带来更大繁荣还有待观察，但它在交通运输各个领域的应用正与日俱增，其前景不可限量。

目前，飞机仍受困于一个难题，即如何获得更便宜、更轻便的燃料。不过，毋庸置疑，这个问题迟早会得到解决。当飞机燃油负荷降低，有效负荷增加时，不管是对于快递、货运还是客运来说，航空运输都会是世界上最廉价、最快捷的运输方式。这也必将推动社会经济发生革命性变革，带来另一波社会繁华。

∽　原子能

原子能被开发利用的巨大潜力超乎普通人的想象。原子能的出现，正好解决了航空运输业最棘手的动力难题。它可以为飞机提供廉价的燃料，使现有的燃油负载转变为有效负载，从而大大减轻了飞机的质量，这样一来，飞机不仅可以提高速度，还可以增加载货量和载客量。

原子能技术一旦得到完善，它就有可能比人类发明的其他任何燃料都便宜。这将给航空运输业带来革命性的变革，并有助于促进经济繁荣。除原子能外，太阳能、风能也有可能成为未来的廉价能源，并使制造业的许多领域发生革命性变革。如此一来，产品的生产成本降低，消费者也因此受益。消费者花同样的钱可以购买更多商品，购买力因此增强了。众所周知，当商品成本降低时，消费就会增加。只要价格在可承受范围之内，消费者就可以无休止地买下去，尽量满足自己的欲望。

原子能是未来廉价能源的关键，这一新发现，带给人类的是无限福祉，和未曾想象过的各种可能。

第十四章

历史上的大投机商

　　1893 年至 1896 年，一场大恐慌席卷全国，被人们公认为史上最严重的一次恐慌。当时棉花在南方的售价低至每磅（1 磅 ≈0.45 千克）3 美分，小麦和其他商品的价格也都很低。我还记得我就是那时第一次从报纸上读到了囤积居奇事件，即芝加哥一个叫莱特（Lighter）的投机商通过囤积小麦哄抬粮价。在那次事件中，莱特把小麦价格从每蒲式耳（1 蒲式耳 ≈27.22 千克）1.00 美元哄抬到每蒲式耳 1.85 美元。从账面上看，他聚敛了巨额利润，但最后还是以破产告终了。

　　我们通过研究历史上那些大投机商如何从敛财暴富到一无所有，就可以学到一些古老而宝贵的经验教训。莱特不相信有人能把大量小麦运进芝加哥，以此打压市场高价、打下小麦价格，因为对市场未知因素缺乏洞察力，所以莱特才会失败。但阿默（Armour）显然比莱特料想得要聪明，他用特快列车将小麦运来，破坏了莱特的囤积居奇计划，莱特因此破产。没有人能料事如神，某种未知因素或一场意外，就可能让一个人辛辛苦苦赚到的钱顷刻间化为乌有，或者使其聚敛的财富损失严重。因此，我们要学会从别人的错误中吸取教训，以免重蹈覆辙。实际上，大多数投机商之所以赔钱，就是因为利令智昏，过于渴望金钱带来的利益，妄想垄断市场来获取暴利。可惜，垄断不仅会使物价过高，还坑害了消费者，投机商也难逃厄运。最终，几乎所有试图这样做的投机商都纷纷破了产。

从1903年到1904年，一位叫萨利（Sully）的投机商在棉花市场上叱咤风云，我当时有幸在现场见证了这一情形。萨利通过购买棉花，短期内就积累了数百万美元。但随后他便犯了一个几乎所有大投机商都会犯的错误，他错误地高估了自己的能力，以为能凭一己之力哄抬物价。萨利拉抬物价的结果，就是爆仓后走上了破产之路。

西奥多·H.普莱斯（Theodore H.Price）是当时另一个棉花大投机商，他也犯了同样的错误：盲目地买入太多商品，低估了突发状况，最终也破了产。不过，他还是会让人心生敬意，因为他后来不但挽回了数百万美元的损失，还一美元一美元地偿还了所有的债务。我们必须承认，西奥多·H.普莱斯在投机史上占有一席之地，其东山再起的经历可以说是史无前例。

另外还有一个名为尤金·斯科尔斯（Eugene Scales）的投机商，以几百美元起家，积累了数百万美元后破了产。为什么尤金·斯科尔斯会在棉花市场上积累了数百万美元后却破产了呢？究其破产原因，无非是他对权力的贪念和妄图操控市场的野心不断膨胀，投机盈利已经满足不了他的野心，以往的判断力也逐渐丧失，从此他不再谨慎小心。当一个人手里只有少量资金时，通常会保持头脑清醒，处事小心谨慎；而当这个人积累了大笔财富以后，行事风格往往会大不相同，他也不会预料可能有意想不到的事情发生。尤金·斯科尔斯一直以为市场行情长期看涨，从来没想过市场终会见顶，他不断购入棉花，希望并且也相信棉花价格会一路走高。直到最后，他落得个破产的下场，并在贫困中黯然离世。

杰西·利弗莫尔（Jesse L. Livermore）在股市和商品期货市场上赚取了数百万美元，是那个时代较大、较知名的投机商之一。他曾几度破产，也曾数次卷土重来，有几次他还在破产后还了欠债。杰西·利弗莫尔是一个正直的人，即使在法院宣布破产后可以免除债务，他也要尽力偿还欠款。我第一次见到杰西·利弗莫尔是在 1908 年，再次见到他是在 1913 年，当时我在他经营的默里·米切尔公司进行交易，后来这家公司倒闭了，我的钱也赔得精光。1917 年，当杰西·利弗莫尔东山再起并赚到了钱时，他不仅偿还了我在默里·米切尔公司损失的那部分钱，还把其他人的损失也一并还清了，这确实让人钦佩。正是因为杰西·利弗莫尔为人诚实正直，1934 年，当他再次破产时，我出钱资助了他，并游说其他人一起筹钱支持他渡过难关。杰西·利弗莫尔又一次挺了过来，并且赚得盆满钵满。但杰西·利弗莫尔有一个弱点，他除了学习如何赚钱，从来没有研究过其他任何东西，也从未研究过如何守住资产。他同样有贪欲和对权力的欲望，所以当他大赚了一笔以后，也就不会像以往那样保守地进行交易。他试图让股市随着他的意愿波动，而不是等待股市好转以后再顺势而为。杰西·利弗莫尔曾经富极一时，最后却因破产和感情失败自杀身亡。为什么像杰西·利弗莫尔这样赚了数百万美元的人却守不住这些钱财呢？因为每次发财后，他会产生同样的贪欲、同样的权欲，同样希望成为风云人物，妄图操控市场。他想支配一切，却没料到有些事情总会始料不及，而这种意外确实发生了，而且会再次发生，结果就只能是输得血本无归。

　　E.A. 克劳福德博士也是一个有名的人物、大投机商，他几次赚钱，又几次赔了个一干二净。1932 年，他靠着几千美元东山再起，赚钱速度之快，市场上其他任何一位投机商可能都望尘莫及。据说，在 1933 年股市疯狂高涨时，他的账面利润高达 3 000 万～ 5 000 万美元。他几乎把所有的食品期货都买遍了，不仅投资了美国股市，还投资了国外的股票市场。1933 年 7 月 18 日，E.A. 克劳福德博士宣布破产，当时所有的商品期货市场突然崩盘，让他输得一败涂地。

　　一个能敛财数百万美元的人为什么会破产呢？原因很简单，他没有料到会发生意外，没有想到会有更多的谷物和期货商品被源源不断地抛售，最终超出了他的财力范围，他吞不下这么多，已无力再购买。他自以为股价会继续上涨，在此期间不会有任何调整，但股价走势出现波动是必然的。结果，他不断买进，直到花光所有本钱，末日来临时他才被迫卖出平仓。他在买进时早就把"谨慎"二字抛到了九霄云外，也忘记了他刚开始以微薄本钱赚钱起家时谨守的那些股市规则。然而，违背股市投资规则，结局就只有一个：失败。他和其他所有投机商一样，犯了过度交易的大忌。过度交易、不顾一切、不考虑可能发生的意外，这是所有投机商都容易犯的错误。很显然，E.A.克劳福德博士在其中经受了惨痛教训。

最近一个重要的投机商是新奥尔良的乔丹（Jordan），但他还不能算是史上较大的投机商。据说他在 1936 年之前的几年靠着 300 美元起家，通过在棉花市场上的投资，聚敛了数百万美元的财富。乔丹走了所有投机商的老路，他也破产了。为什么呢？因为他相信棉花价格会继续上涨，他以为最高价还没有出现，因此也就没有套现。我听人说过，乔丹曾夸口棉花价格将会涨到美国南北战争时期的最高价，也就是每磅 1.89 美元。很显然，他要么是不记得了，要么就是根本不懂供求关系规律。他不断买进，直至满仓为止。他的追随者很多，大家都在跟着他一起买进。最后，直到大家都想抛售的那一天才发现，股市已经没有了买家，所有的投资者都成了卖家。1946① 年 10 月 9 日，棉花价格从 10 月的最高价 3 928 美元开始滑落，不到一个月的时间，价格跌至 11 月 7 日的 2 310 美元。不仅乔丹倾家荡产赔了个精光，他的追随者也蒙受了数百万美元的损失，即便美国政府出面干预也已无力回天，根本无法阻止棉花股价的下跌。最后，美国政府、交易所机构以及其他投机商不得不请来安德森（Anderson）和克莱顿（Clayton），让他们接管乔丹及其追随者持有的棉花合约，以挽救局面。

乔丹和其他所有失败的大投机商一样，都从未研究过市

---

① 原著中为 2946——译者注。

场，也不知道什么时候的价格处于不正常的水平。如果他能仔细研究一下以前战争时期的价格，特别是第二次世界大战时的棉花价格——当时的棉花价格为每磅43美分、7月期权卖出价是4 375美元，了解这些以后，他就会知道，棉花价格早已不正常了。

再者，如果他能回顾一下1923年的情况，就会发现11月30日的棉花价格曾达到37.50美分左右的最高点，他还能从以往的记录中发现，如果棉花的价格达到每磅37.50～39.00美分，就已经属于不正常价位，而是由战争影响造成的价格畸高。如果他充分考虑到这些因素，那么他就能在长线持有后及时抛售以保护自己的利润，并可以在抛售后做空，这样就能先后两次赚取巨额财富。

如果他了解股市规则和基本原理，就应该知道，棉花价格的涨幅在过去几周里已经放缓，这表明有人在无限量地抛售，此时他应该在可以脱手时抓紧时机开始抛售。但欲望这一人类最大的敌人，让他一直持仓，直到大难临头。最后，他和其他所有失败的投机商一样，因为形势的发展超出了他的预料，别人抛售的数量已经超出了他的购买力。他的处境非常不妙，因为投资者都在跟风学他，当他试图抛售脱身时，投资者也都在试图抛售脱身。

对于一个普通人、投机者、投资者或交易商来说，应该从那些聚敛了巨额财富却最终没落的大投机商身上得到什么启示呢？首先，可以了解那些大投机商为什么会亏损、违背了哪些股市规则，从中吸取教训，避免重蹈覆辙。只有这样，投资者才有机会赚钱并保住自己的资产。还有个重要的教训是，不要过度交易。其次，投资者必须学会使用止损单，通过自动止损单来保护本金和利润。

投资者在进行投资时，必须立足事实，排除主观幻想和恐惧心理，这都是股市投资者的大忌。如果一个人怀揣着幻想购股，那么只有当他担心的最坏情况发生时他才会卖出，可到那时为时已晚。

世事难以尽如人意，但投资者必须面对现实，任何想通过投资获得成功的人都要扔掉幻想。必须牢记，市场的趋势是变化的，当趋势发生变化时，投资者也必须做出相应改变。为了取得成功，投资者必须学习过去行之有效的股市规则，并在未来股市中加以运用。

通过回顾那些大投机商的经历就会发现，他们都有相似的结局：都聚敛了巨额财富，然后都赔得倾家荡产。但任何事情都有例外，有些人不但赚到了钱，还保住了钱，因为他们遵循了正确的理财规则。

有哪些大投机商既赚到了钱，也保住了钱呢？伯纳德·巴鲁克（Bernard Baruch）就是其中之一。这位老人已经退休，但至今仍然拥有数百万美元的身家，其中大部分是靠他在股票市场上投资和投机赚来的。本·史密斯（Ben Smith）是近年来崛起的一位投机商，他也赚到了钱并守住了财富。除此之外，大投机商伯特·卡斯尔斯（Bert Castles）同样赚到了钱，直到死财富都守得好好的。想知道伯特·卡斯尔斯是怎么做到的吗？他在买入股票时，总会在买入价或卖出价附近不超过 5 点的地方设置止损单。这样一来，即使他判断失误，损失也不会太大；而一旦他判断正确，就能让利润持续增长，直到他有明确的理由将这些利润变现。

每一个成功的投资者都有明确的计划和规则，并且能够严格遵守。如果你也渴望成功，就必须先学习正确的股市规则，并在股市操作中遵循这些规则。

我还可以列举出更多投资成功的范例，这些投资者都赚到了巨额财富，并能一直守住这些投资盈利。与那些赚了大钱又赔个精光的投机商相比，他们所遵循的规则有什么不同呢？你可以称呼他们为明智的操盘手、投机商或投资者，因为他们都是遵循正确投资规则的人。他们学会了如何判断股票或商品期货的走势，并能在正确的时机买入；他们知道何时获利，谨慎行事；他们知道可能会发生意想不到的事情，因而从不过度交易；他们从不跟风，会在别人都买入时卖出，在别人都卖出时买入。普通人仅凭判断或猜测，是无法做到这些的。投资者必须遵循完善的股市规则，筛选所有可能有用的信息，谨慎地采取适当的预防措施，切忌过度交易。这就是他们能成功赚钱且不会破产的秘诀。所有的投资者都应该记住，在进行交易时，随时都可能会出错。要如何纠正错误呢？答案是设置止损单，尽量减少损失。

除非知道自己要承担多大的风险，以及在一笔交易中可能会用多少本金去冒这个风险，否则就永远不该参与投机。如果不了解这些基本规则，那么投资者迟早都会因为意外而破产。

我结合 45 年的亲身经历写本书，并不是要描绘一幅轻松致富的美好图景，因为致富之路没有捷径。我的目的是告诉你事实，教授你实用的股市规则，只要你肯花时间学习，耐心等待合适的机会，能在正确的时间果断买入和卖出，就一定能获得成功。

在生活中，每个人的付出与收获都是成正比的。种瓜得瓜，种豆得豆。愿意付出时间和金钱去获取知识，能坚持不懈学习，绝不骄傲自满、自以为是，保持求知若渴的精神，那么这个人就能在投机或投资方面取得成功。

我写作的初衷，就是要实事求是地将我 45 年来在股票和商品期货市场中的操作经验全盘托出，让投资者可以从中获益，同时指出投资者的弱点和常见错误，以防投资者在股市中遭殃。

投机可以成为一个有利可图的职业。只要投资者遵守股市规则，时刻关注可能发生的意外情况，并随时做好应对准备，那么，投资者就可以纵横华尔街，在股票和商品期货市场上聚敛财富。

第十五章

被抛售的股票

与 1946 年的最高点相比，1949 年道琼斯 30 种工业股平均指数下降了 25% 左右，此时许多工业个股却从 1945 年和 1946 年创下的最高点直接大幅下跌了 75% ～ 90%，股市提前 6 个月甚至在更早时就陷入了行业性下跌之中。

在整个行业都陷入经济萧条之时，还能有股票保持上涨走势吗？答案是肯定的。这种情形在过去曾经出现过，今后也很可能会再次出现。

航空板块

与其他板块的股票相比，被抛售最多的就是航空板块的股票。但实际上航空行业正处于成长期，不会那么快就被股市淘汰，航空板块的股票迟早都会上涨，而且会涨幅惊人。在未来股市上，航空板块的股票必将成为领涨股。

1945 ～ 1949 年航空板块中个股的最高价和最低价

股票	年份	最高价	年份	最低价
美国航空	1945 年	95.5 美元	1948 年	6 美元
贝尔飞机	1946 年	35.5 美元	1948 年	10.75 美元

续 表

股票	年份	最高价	年份	最低价
奔迪克斯航空	1945 年	63 美元	1949 年	26 美元
布兰尼夫航空	1945 年	37.5 美元	1948 年	6 美元
东方航空	1945 年	134 美元	1949 年	13 美元
	1946 年	拆股后 31.5 美元	—	—
国家航空	1945 年	41.75 美元	1938 年	4 美元
西北航空	1945 年	63.75 美元	1949 年	7 美元
泛美航空	1946 年	29 美元	1948 年	8 美元
环球航空	1945 年	79 美元	1948 年	9.5 美元
联合航空	1945 年	62.5 美元	1948 年	9.5 美元

其中，最值得买入的是东方航空、泛美航空和联合航空三家公司的股票。

被抛售的各类股票

以下各类股票已跌至深谷，很有可能会在下一轮牛市中上涨。

1946 ～ 1949 年已跌至深谷可能会在下一轮牛市中上涨的股票

股票	年份	最高价	年份	最低价
吉贝尔兄弟	1946 年	73.75 美元	1949 年	12 美元

续 表

股票	年份	最高价	年份	最低价
洛克希德	1946 年 [①]	45.5 美元	1947 年	10.5 美元
	—	—	1949 年	16.5 美元
马丁 G.L.	1946 年	47.75 美元	1949 年	7 美元
蒙哥马利·沃德	1946 年	104 美元	1949 年	47.5 美元
纯石油公司	1948 年	42 美元	1949 年	24.625 美元
费利科无线电	1948 年	46.5 美元	1949 年	25.25 美元
新泽西标准石油	1948 年	93 美元	1949 年	60.5 美元
斯伯瑞	1946 年	40.5 美元	1947 年	17 美元
美国橡胶	1946 年	80.5 美元	1949 年	33 美元
通用汽车	1946 年	80.5 美元	1946 年	47.5 美元
	1947 年	65.75 美元	1948 年	15.5 美元
	1948 年	66 美元	1949 年	51.875 美元

1943 年，通用汽车的股指跌至最低点 48.75 点，之后，这只股票的最低价不断抬高，说明股指已经得到良好支撑。除非股价跌破 51.875 点并报收于这个价位之下，否则通用汽车股票的走势还将持续上行。1947 年和 1948 年通用汽车的股指最高位形成双顶，如果股价能够报收于 66 点以上，就预示着这只股票还将大幅上涨。

① 原著中为 3946 年，应为 1946 年——译者注。

☝ 特别推荐股

艾德蒙股份有限公司 1945 ～ 1949 年最高与最低股价

股票	年份	最高价	年份	最低价
艾德蒙股份有限公司	1945 年	22.5 美元	1947 年	6 美元
	1948 年	22.625 美元	1948 年	7 美元
	1949 年	20.25 美元	1949 年	14.75 美元

艾德蒙股份有限公司管理完善，业绩良好。该公司股票在 1949 年 6 月下跌过程中获得了很好的支撑，进一步走高的可能性极大，一旦出现了牛市行情，股票大涨的可能性更大。

列举几个股票 1945 ～ 1949 年最高与最低股价

股票	年份	最高价	年份	最低价
哥伦比亚影片公司	1945 年	45.5 美元	1948 年	7.5 美元
联合伏尔提公司	1946 年	37 美元	1948 年	7.75 美元
哥伦比亚天然气公司	自 1942 年以来，最低价每年都不断抬高			
电气债券与股票公司	1946 年	26.5 美元	1947 年	9 美元

电气债券与股票公司的股票走势强劲，该公司的现金流远远高于股票售价。到 1949 年年底，很有可能每股会分到 12 ～ 14 美元的红利。股指最低位正在逐步抬高，目前的最低价约为 13.25 点，正好相当于从 1946 年的最高点下跌了

50%，因此这里就形成了一个安全、可靠的买入点。如果这只股票的股价升至 6 点以上，就会表现出非常强劲的走势，并预示着可能会攀升至 25 ～ 26 点的高位。

　　以上列出的特别推荐股票，有望成为下一轮牛市中的领涨股。请记住，在买入股票时，一定要设置止损单来保护投资。如果一只股票经过相当长一段时间后仍然没能赚到钱，那么就宁可承担一点损失也要果断卖了它。

第十六章

股市未来趋势的展望

☝ 政府无法阻止经济大萧条，大恐慌即将到来

1953 年新政出台前，将会出现经济大萧条和大恐慌，这已成定局。战争过后，紧随而至的就是大恐慌和经济萧条。战争结束后，主张新政的人并没有停止支出，反而增加了支出。事实上，他们浪费掉数百亿美元，结果换来了大恐慌和经济萧条，而这将会动摇整个国家的根基，也会导致选民在 1952 年投票时淘汰新政派。

一旦崩盘真的来临，再做任何事情都会为时已晚。如果纳税人能够提前组织起来，在崩盘之前采取行动，就有可能阻止财产流失。如果主张新政的人继续像现在这样大肆支出，那么用不了多久，政府就会没收公民财产和其他私人物品。到那时，"自由之子"将不得不再次游行示威，为失去的自由而战。

⌐ 导致下一次经济大萧条和大恐慌的原因

导致下一次经济大萧条的原因有很多，英国就曾因两次世界大战而导致现在的政府破产，欧洲的其他大多数国家也是如此。

美国的国债已经成为全国人民都无法克服的沉重负担。政府挥霍无度，已经给全国人民造成了无法弥补的损失。即使政府现在停止支出，大恐慌还是会如期到来。

外国投资者在国内市场抛售股票，已经维持了很长一段时间。

美国的投资者几乎总是会在熊市的最后阶段开始抛售股票，这就造成了股价的大面积断崖式下跌。然后，随着情况的进一步恶化，很多保险公司不得不抛售股票和债券。投资信托公司有可能会在一段时间内试图强撑，并在股价大规模下跌时买进，但随着这些状况每况愈下，这些公司也会恐慌，并在持续几年下跌的熊市最后阶段开始抛售，成为卖家。

当美国的商人和投资者都对政府失去信心，不相信政府具备防止经济萧条的能力时，情况就会变得更糟，因为只有当人们有信心时，国家的商业和股市才能维持下去。

如果有一天，政府对债券价格真的再也无力支撑，这将成为摧毁公众信心的最后一根稻草，这个国家有史以来最严重的恐慌也将随即到来。这种状况是极有可能发生的。有果必有因，原因早已经存在，政府已经为下一次大恐慌和经济萧条播下了种子，商业和股市周期也证明了恐慌不可避免，必将如期而至。

🖰 股市的未来走势

许多经济学家和市场专家都认为，经济萧条和大恐慌即将到来。他们并不知道这次大恐慌何时会到来，因为他们并不了解时间周期。在过去的30多年中，我用周期循环规律成功预测了每一次重要的经济繁荣、经济萧条和大恐慌的出现时间，因而，我相信，这一规律也能准确预测下一次大恐慌的来临时间。

华盛顿的新政派声称，他们已经有了阻止通货膨胀、防止经济萧条和大恐慌的神奇方案。至于他们能否真正做到这一点，未来几年的严峻考验将会一一验证。

运用我所说的周期循环理论可以判断，战后的经济繁荣到1948年已经结束，现在的经济趋势正在走下坡路。通常情况下，经济在出现下跌后，会再出现一次反弹或有一轮温和上涨，大多数人会被这一表象蒙蔽，误以为经济繁荣又一次出现了。

我通过对周期循环规律的研究发现，1950年下半年，经济萧条将会更加严重。到1951年和1952年，真正的经济大萧条将会出现，到时政府也将无法应对，股票、债券、商品期货和其他所有金融产品的价格将会全线下跌。至于股票会跌到什么程度，主要取决于下一轮反弹行情的股指反弹幅度，以及上一次下跌行情开始时股价所处的点位。下面，我列举一些股市可能会出现趋势性下跌的大致日期。

根据过去的时间周期规律，股票很有可能在 1949 年下半年继续上涨，会一直持续攀升至 1950 年。股市周期往往会比商业周期提前 6 个月或更长时间。

⌖ 1950 年的展望

1950 年 1 月 3 日至 7 日，股市的最低点很可能会出现，随后股指趋势应该会转向上升。如果股市交易活跃，这轮上升行情应该能持续到 2 月。

3 月 18 日至 22 日，股市反弹的最高位很可能会在此期间出现。这轮反弹持续的时间可能很短，估计在 3 月 30 日至 31 日时，股指走势将发生变化。

4 月，股指应该会继续走高，本年度的最高点有可能在 4 月 25 日至 30 日期间出现。如果 1949 年 6 月股指能够在低位运行，这就意味着这轮牛市已持续了 10 个月，通常情况下，随后一次小幅回调即将出现。另外，那时距离出现最低点的 1942 年 4 月已达 6 年时间，而 5 月和 6 月距离 1946 年最高位出现时，也正好分别是 48 个月和 49 个月。因此，这时股指趋势有很大可能会发生改变。

6 月 14 日至 21 日这段时间非常重要，因为这时正好距

1948 年最低点出现时过去了 2 年整。如果能证明 1949 年 6 月 14 日出现了最低点，那就正好距 1949 年 6 月 14 日过去了 1 年整。6 月 24 日至 30 日，要特别关注股市趋势的重要变化，股指可能会触底反弹。

7 月，即使股市趋势下行，股票在这个月也会上涨，就算在熊市中也应该会出现反弹行情。

7 月 7 日至 10 日和 18 日至 30 日，股指可能会出现重要的最高位，股指趋势可能会出现变化。

8 月，股指会出现下跌，但幅度较小，并且下跌速度比较缓慢。8 月 5 日至 10 日、14 日至 18 日、23 日至 27 日，这些都是股指趋势可能发生改变的日期。

9 月，请记住，这是一个会出现重要的周年纪念日的月份。要在 9 月初、9 月 23 日至 10 月 3 日这些时间段特别关注股指的趋势变化，在这些时间段内，股指可能会见底，随后就会出现一轮反弹行情。如果股指在这些日期开始上涨，那么股指就可能会一直反弹至 11 月 2 日至 4 日，也就是到选举日才会停止。

11 月 14 日至 21 日，由周期循环规律可知，股指会在此期间下跌，到月底时可能会触底反弹。

12 月，如果此轮反弹行情从 11 月开始，就很有可能会一直持续到 12 月 15 日至 20 日，届时，投资者应特别关注最高位，留心股指将会出现的趋势变化。

⏠ 1951 ～ 1953 年的展望

根据预测，1951 年和 1952 年的经济状况将陷入萧条，股市将进入熊市。到那时，许多股票的跌幅将远远超出人们的想象。美国政府将会面临许多亟待解决的棘手问题，政府却对此束手无策。之所以出现这种情况，是因为大多数民众已经不再相信新政派，也对政府防止恐慌的能力失去了信心。而一旦人民失去了信心，形势就会迅速恶化，无法控制。

根据周期循环理论预测，1952 年 11 月的选举很可能会是共和党人当选，1952 年 10 月和 11 月极有可能是标志着股票熊市结束的月份。

1953 年 1 月 20 日，新总统将于白宫就职，如果是共和党人当选，这就意味着经济复苏和新一轮循环的开始。不过，根据周期循环理论可知，在 4 月或 6 月之前，经济发展可能会比较缓慢，一直到夏季或秋季时，股市才会大幅上涨，经济状况也会随之出现很大改善。

结束语

至此，《华尔街 45 年》全部完稿。实际上，我真正接触华尔街的经历可以追溯到 1902 年以前，距今已经有 47 年之久。这几十年的经历让我意识到，最宝贵的财富就是时间。我对时间的最佳利用方式就是用它来学习知识，知识要比金钱更宝贵。

在这本书中，我将自己摸索的一些行之有效的股市交易规则展示了出来，有些是从未公开发表过的秘密发现。希望读者朋友能够努力学习并应用这些规则。如果投资者能按照书中教授的内容去操作，那么投机和投资就不再是一场无谓的赌博，而是真正成为一份可以盈利的事业。

威廉·D. 江恩

答读者问

总会时不时地收到数以百计的读者来信，咨询各种信息。为避免大量重复回信，下面就一些常见问题进行回复。

杂志

许多人来信，让我们推荐最适合投资者和交易者阅读的杂志。

在我们看来，《华尔街》就是其中最好的股市信息杂志。当然了，《福布斯》也不错，其中许多关于金融理财的内容很有价值。《纽约时报》出版的《编年史家》周刊也值得一读，这本杂志专门报道金融理财，其中包含了许多对交易者和投资者有用的宝贵信息。

📖 报纸

投资者和交易者经常咨询我们，哪种报纸最适合他们阅读。

《华尔街日报》——这是公开发行的较好的财经报纸。它专注于介绍全国各地的股份公司，还会对国外重要的股份公司的相关事实和信息进行报道。这份报纸对国家相关新闻，尤其是农业和政治方面的新闻非常重视。这是较早公布铁路和工业股平均指数的报纸之一。这些平均指数可以追溯到 1896 年。自 1914 年起，该报开始发布债券平均价格；自1928 年以来，开始公布公用事业板块股票的平均指数。

《华尔街日报》每天都会发布所有股票的平均指数，对于想要了解这些不同板块股票走势的投资者和交易者来说，这些信息非常有用。《华尔街日报》的另一个特点是，它每天都会发布一份股票名单，名单中列出了创下年度新高和年度新低的股票。

《华尔街日报》从不刊登任何小道消息、谣言或误导性信息。它只会发布对投资者和交易者有用的可靠信息。《华尔街日报》还会时不时发布各种股票走势图，这些图对交易者非常有用。如果自己去保存这些记录并且绘制成走势图，需要花费大笔资金。

《纽约先驱论坛报》——这份报纸也会刊登各类股票的平

均指数，以及其他对交易者有用的信息。

《纽约时报》——该报也会专门刊发各种股票的平均指数，也是投资者和交易者值得一读的好报纸。

投资者和交易者需要的是不同股份公司和相关财务报告的信息，而不是小道消息或谣言。这些报纸都在纽约出版，力求实事求是，把可靠信息传递给读者。

股票和商品期货

《巴伦周刊》是一本非常好的金融杂志，主要涉及各类金融理财，并给投资者和交易者提供有用的信息。这份杂志的价值很高，订阅费用却非常低。该杂志每周出版一期，非常值得订阅。

《芝加哥商业日报》——在报道商品期货领域方面，这份报纸要比其他任何报纸都要出色。该报每天都会刊登芝加哥贸易所中所有谷物期货的交易价，还有芝加哥商品交易所中鸡蛋期货的每日报价。同时，该报每天和每周都会刊登股票和商品期货的相关报道，并且有专栏作家对此进行专门点评。

《商品年鉴》这份刊物由位于纽约市比弗街76号的商品研究局出版。该刊物涵盖了几乎所有商品期货的统计信息，是同类刊物中提供可靠、准确统计信息较好的刊物。

股票中的碎股交易和谷物的整批交易

经常有交易者询问是否可以买卖碎股。大多数纽约证券交易所的会员经纪人都接受碎股订单。他们大多会直接购买股票或用现金购买股票，1 股起购。芝加哥期货交易所进行的都是整批或 1 000 蒲式耳的谷物交易。有些经纪人会处理整批交易，有些则不会。投资者可以咨询芝加哥期货交易所会员的任何一个经纪人，了解对方进行的是批量交易还是 5 000 蒲式耳以下的合约交易。芝加哥期货交易所和新奥尔良棉花交易所，都可以进行 50 包以下的棉花交易。除此之外，没有其他任何可靠的正规交易所愿意进行 50 包以下的棉花交易。那些愿意招揽 10 包以下甚至更多零星棉花业务的交易所，通常都不是正规的交易所。投资者在这些非主要证券交易所或非商品期货交易所成员的公司开户交易时，务必要小心谨慎。

经纪人

经常有人来信询问什么样的经纪人比较可靠。我们认为，隶属于纽约证券交易所、纽约棉花交易所和芝加哥期货交易所的经纪人都是可靠的，建议投资者一定要在这些负责任的交易所经纪人处开户。如果投资者对经纪人有所怀疑，可通过白氏（Bradstreet）、R. G. 邓或毕晓普服务（Bishop Service）之类的公司获取其相关信息。对于不属于这些主要交易所成员的经纪人，投资者就要先通过银行或一些商业机构来获得一份对方的私人信息，以考察其是否可靠，再考虑是否要在对方那里开户。这样做主要是为了保护投资者的资金安全，否则，投资者很可能在与不正规交易所进行交易却不自知。